GRAND
PATISSIER?

CHRISTOPHE ADAM

QUI SERA LE PROCHAIN GRAND PATISSIER ?
Emilie

GRAN
PATISSIER

COUVERTURE
BLANCHE
OPALYS

HUILE
OLIVE

Le Parfait

GRAND
PATISSIER ?

PATISSIER
INDUCTION

QUI SERA LE PROCHAIN GRAND PATISSIER ?
Ophélie

Options

GRAND
PATISSIER ?
Ophélie

GRAND
PATISSIER?

Cet ouvrage est adapté de l'émission « Qui sera le Prochain Grand Pâtissier ? », diffusée sur France 2, produite par Martange Production, d'après une idée de Nathalie Cottet et Christophe David.

Éditions de La Martinière
Directeur des éditions de La Martinière : Jocelyn Rigault
Directrice éditoriale : Florence Lécuyer
Éditrice : Élise Bigot
Coordinatrice rédactionnelle : Tiphaine Campet
Conception graphique : Laurence Maillet
Photographies : Louis-Laurent Grandadam sauf aux pages 6, 11, 12-13, 28, 138, 142, gardes arrières © Laurent Vu, Agence Sipa

Martange Production
Présidente et productrice : Nathalie Cottet
Directrice générale : Caroline Kovarik
Producteur exécutif « Qui sera le Prochain Grand Pâtissier » : Jean-Hugues Noël
Producteur artistique « Qui sera le Prochain Grand Pâtissier » : Christophe David

France Télévisions Distribution
Responsable éditoriale : Caroline Scherrer

Connectez-vous sur : www.editionsdelamartiniere.fr

ISBN : 978-2-7324-6695-8

OPHÉLIE BARES

Photographies
LOUIS-LAURENT GRANDADAM

Coordinatrice rédactionnelle
TIPHAINE CAMPET

QUI SERA LE PROCHAIN GRAND PATISSIER ?

le livre de recettes du gagnant

Éditions
de La Martinière

Avant-propos

Voilà mon premier livre de recettes, comment ne pas regarder derrière moi… Après avoir passé un bac tout ce qu'il y a de plus général (économique et social), je me destinais plutôt à entamer des études artistiques. Car j'avais la conviction que je devais suivre la voie d'un métier qui me ressemble, à la fois manuel, créatif et rempli d'échanges.
Plus particulièrement, un profond désir m'animait… celui de devenir photographe culinaire !
Je me lançais alors à la recherche d'une prépa en école d'art… Mais finalement, n'est-il pas plus intéressant de créer son propre parcours ? De remonter à la source, de se confronter à l'essentiel et d'entrer dans le vif du sujet ?
Me voilà engagée dans la pâtisserie. Je voulais sentir, comprendre et maîtriser ces sculptures gourmandes. Je voulais passer par ce cheminement avant, peut-être, de les photographier un jour… Les mots d'un de mes professeurs (école Ferrandi) résonnent alors et prennent tout leur sens : « La pâtisserie mène à tout ! »
Intimement convaincue que de solides bases classiques sont nécessaires avant de pouvoir laisser libre cours à sa créativité, je me suis laissé entraîner avec exaltation dans cette ascension professionnelle. Emportée dans une sorte de spirale ayant pour unique but de réaliser une pâtisserie avec cette notion de luxe, j'étais obnubilée par ce besoin de progresser sans cesse. Je désirais atteindre, d'une certaine manière et en toute humilité, un niveau proche de la perfection.
Ce livre concrétise l'aboutissement d'un parcours qui a démarré il y a 10 ans. Ce métier dans lequel je me suis investie toujours davantage a été jalonné de rencontres qui ont fait ce que je suis devenue aujourd'hui.
À travers cet ouvrage, j'ai pris plaisir à vous faire revivre les recettes du concours télévisé, nées parfois d'idées soudaines… Je suis sincèrement ravie de pouvoir vous faire également partager quelques recettes personnelles, plus abordables. Une manière de vous dévoiler une petite partie de ma personnalité, de mon travail au quotidien, de mes découvertes et coups de cœur. J'espère vous communiquer ici ma passion et vous transmettre l'envie de réinterpréter mes recettes, de les faire vôtres.

Ophélie

Ophélie

kMix

Sommaire

SAISON 2

4 professionnels aux profils complémentaires, réunis pour un jury d'exception...

« Qui sera le prochain grand pâtissier ? » est l'unique concours télévisuel professionnel de pâtisserie. Pour cette seconde saison, non plus 4 mais bien 6 émissions hebdomadaires de 110 minutes ont été diffusées en prime time sur France 2. Tout comme l'année précédente, elles ont permis de révéler au grand public le talent qui s'est démarqué de ce programme intense en émotions. Après les prouesses pâtissières d'Audrey Gellet l'an passé, Ophélie Bares, cette année, nous a transportés dans son univers gourmand jusqu'au bout de cette aventure.

En suivant les confrontations pâtissières de 10 candidats professionnels et expérimentés, vous avez apprécié leurs niveaux de connaissances, leurs techniques et leur créativité. Un jury exceptionnel, composé de 4 experts à la reconnaissance internationale, a encadré, guidé et encouragé ces candidats au surpassement professionnel et personnel. La mission de ces spécialistes était de taille : découvrir le pâtissier le plus doué de la jeune génération 2014 !

Au fil des épreuves, les candidats sont partis en formation chez une vingtaine de chefs au parcours imposant le respect, qui les ont accueillis au sein de leur brigade ou boutique afin de les entraîner, les conseiller, les soutenir dans ce concours de pâtisserie et surtout les faire progresser à leur contact. Ce fut une belle occasion pour eux d'évaluer leurs compétences du terrain.

À la manière d'un authentique concours académique, l'émission confronte le talent, les capacités techniques et artistiques de véritables professionnels. Si chaque candidat a su mettre en avant ses atouts, il lui a aussi fallu faire face à ses faiblesses. À travers ce dépassement, les participants ont donné le meilleur d'eux-mêmes et contribué à refléter la richesse et le savoir-faire de la nouvelle génération.

CHRISTOPHE ADAM

QUI SERA LE PROCHAIN GRAND PATISSIER?

Christophe Michalak

CRÉATEUR DE TENDANCES - CHEF PÂTISSIER EXÉCUTIF DE L'HÔTEL PLAZA ATHÉNÉE À PARIS - CHAMPION DU MONDE DE PÂTISSERIE 2005.

Celui qui rêvait déjà à 20 ans de devenir meilleur ouvrier de France (MOF) avait pourtant essayé plusieurs métiers avant de trouver sa voie dans la pâtisserie. Ce challenger émérite et compétiteur dans l'âme avait compris dès l'âge de 15 ans qu'il était possible de donner beaucoup de bonheur avec peu de chose. Il se constitua alors une bibliothèque culinaire qu'il ne cesse de compléter et commença à travailler sa mémoire gustative, l'outil indispensable du maître pâtissier. Aujourd'hui, il possède sa propre école de pâtisserie, la Michalak MasterClass, et a récemment créé un concept de vente novateur, le Michalak Take Away.

Il est le cofondateur, avec Christophe Adam, du Club des Sucrés visant à faire avancer le monde de la pâtisserie par le perpétuel renouvellement de la discipline et l'interaction de pâtissiers talentueux de France, toutes générations confondues.

CE QUI LE TRANSCENDE DANS SA PRATIQUE : en tant que grand gourmand généreux, il tente de tout humer et goûter sans cesse pour être en perpétuelle évolution... mais également assister à l'évolution de la discipline tout entière.

SON TRAIT DE CARACTÈRE : perfectionniste, il est dans une volonté de bien faire et de faire vite à la manière d'un hyperactif, de puiser un maximum de choses comme une éponge en tentant de déceler les tendances le plus rapidement possible.

SA SPÉCIALITÉ : la pâtisserie « haute couture » qu'il a développée notamment à l'hôtel Plaza Athénée depuis 12 ans. Il possède également sa propre société et pratique beaucoup de conseil en France et à l'étranger.

Avec son école de pâtisserie parisienne, il proposera également une version « street » de son travail.

SON MOT D'ORDRE : la règle des 3 « E » : élégance, équilibre et émotion.

SA MISSION EN TANT QUE MEMBRE DU JURY : transmettre pour tenter de faire évoluer, de voir progresser, quitte à être un peu paternaliste mais toujours avec beaucoup de bienveillance.

SES ATTENTES PAR RAPPORT À LA JEUNE GÉNÉRATION : envie de découvrir de nouveaux talents à travers des valeurs telles que l'humilité, la générosité et le goût pour la gourmandise, envie de voir s'agrandir ce qu'il nomme sa grande famille de professionnels de la pâtisserie. Être bluffé et, pourquoi pas, prendre une leçon !

SES ATTENTES PÂTISSIÈRES : ressentir l'émotion qui constitue la touche finale d'une pâtisserie (après le visuel et l'équilibre des saveurs-textures-températures). Si on a les meilleurs produits et une certaine maîtrise, l'émotion est vraiment ce qui va faire la différence entre une pâtisserie bonne et une exceptionnelle. Il attend la quintessence !

Christophe Adam

« PÂTISSIER INVENTEUR » À PARIS - L'ENFANT TERRIBLE DE LA PÂTISSERIE FRANÇAISE.

Après avoir excellé plus de 15 années chez Fauchon avec des créations mémorables comme les collections d'éclairs délirants, le pâtissier faisant partie de l'élite parisienne a ouvert sa propre maison en 2012 dans le quartier du Marais. Si sa boutique L'Éclair de Génie (voir son ouvrage aux éditions de La Martinière) semble être un clin d'œil à sa patte, Christophe demeure profondément attaché au souvenir du millefeuille classique de son enfance et s'amuse aujourd'hui, entre autres, à le revisiter à sa manière. Sa vision de la pâtisserie snacking trouve également son expression dans l'enseigne Adam's qu'il a développée avec son frère.

Il est le cofondateur, avec Christophe Michalak, du Club des Sucrés visant à faire avancer le monde de la pâtisserie par le perpétuel renouvellement de la discipline et l'interaction de pâtissiers talentueux de France, toutes générations confondues.

CE QUI LE TRANSCENDE DANS SA PRATIQUE : créer un concept pâtissier dans son intégralité. Sa marque de fabrique doit partir des créations, mais aller bien au-delà, englobant la fabrication, le marketing, l'emballage, la boutique. Il aime aujourd'hui gérer l'ensemble du processus...

SON TRAIT DE CARACTÈRE : un électron libre qui a toujours su où il allait, avec pour objectif de faire plaisir aux gens grâce aux pouvoirs du sucre.

SA SPÉCIALITÉ : revisiter les grands classiques à sa mode rock-contemporaine, repenser également la façon de les déguster jusqu'à en faire des versions snacking.

SON MOT D'ORDRE : passion, rigueur et respect.

SA MISSION EN TANT QUE MEMBRE DU JURY : tenter de faire avancer les candidats en étant sincère et honnête avec eux, quitte à être parfois rude et cassant, mais toujours dans une démarche saine. La pâtisserie, il faut l'apprivoiser et la dompter. Trouver son style est un cheminement qui peut être très long.

SES ATTENTES PAR RAPPORT À LA JEUNE GÉNÉRATION : il faut faire ce que l'on sait faire pour ne pas se perdre en chemin. La prise de risque doit être mesurée car il n'y a pas de création hasardeuse.

SES ATTENTES PÂTISSIÈRES : un bon pâtissier doit réussir à marier les goûts, les textures et le look, tout ça dans un temps donné. Il y a une part de talent bien sûr. Mais, avant tout, il doit avoir une belle âme !

Pierre Marcolini

CHOCOLATIER BELGE - CHAMPION DU MONDE DE PÂTISSERIE **1995.**

D'origine italienne, cet amoureux de la fève de cacao parcourt les quatre coins du monde pour aller à la rencontre des planteurs de cacaoyers et sélectionner sa matière première. Dans sa fabrique artisanale à l'est de Bruxelles, il jongle avec les divers crus qui sont autant de typicités régionales et se réapproprie ainsi son métier en défiant les grands fournisseurs, tout en participant par la même occasion au commerce équitable vis-à-vis des planteurs. Aujourd'hui, la maison Marcolini présente 30 boutiques dans le monde. Voracement animé à une époque de sa carrière par les concours, plus de 40 participations à son actif en remportant la Coupe du monde en 1995, il a donc tout naturellement accepté la mission de devenir membre du jury de l'émission « Qui sera le prochain Grand Pâtissier ? ».

CE QUI LE TRANSCENDE DANS SA PRATIQUE : les petites rencontres et histoires dans le monde de la nourriture, ce rapport aux gens avec toute cette notion de plaisir communiqué. Transmettre l'envie et le péché de gourmandise...

SON TRAIT DE CARACTÈRE : éternel insatisfait qu'il espère rester encore longtemps, Pierre opère à chaque saison une sélection de créations pour ses collections, mais une fois éditées, il se dit toujours qu'il aurait pu encore les améliorer.

SA SPÉCIALITÉ : pâtissier à la base, il s'est très vite pris de passion pour le chocolat. La fève de cacao, il la torréfie de A à Z ! Pour lui, cette épice à l'origine possède une puissance aromatique qui en fait un excellent support.

SON MOT D'ORDRE : retour à l'authenticité.

SA MISSION EN TANT QUE MEMBRE DU JURY : convaincre les téléspectateurs qu'il y a beaucoup de talent chez les jeunes pâtissiers d'aujourd'hui alors que c'est encore un métier très difficile.

SES ATTENTES PAR RAPPORT À LA JEUNE GÉNÉRATION : intransigeant quant à la qualité des produits, il avoue, en tant qu'homme d'éthique, être touché avant tout par la valeur d'un individu.

SES ATTENTES PÂTISSIÈRES : un bon pâtissier est celui qui apporte de sa personnalité dans sa création, une marque de fabrique, une signature, une identité...

Philippe Urraca

PRÉSIDENT DES MEILLEURS OUVRIERS DE FRANCE - PÂTISSIERS.

D'origine espagnole, le pâtissier chocolatier ouvre sa première boutique à 19 ans en suivant les pas de son père. En 1995, il décroche la distinction de meilleur ouvrier de France (MOF) et poursuit son expansion jusqu'à totaliser 5 boutiques.
Grand leader et professionnel respecté de ses pairs, il est nommé en 2003 président des meilleurs ouvriers de France pâtissiers et agit toujours à ce titre. Il s'est ainsi toujours engagé à honorer la structure française offerte par l'Éducation nationale en organisant les concours tout en parcourant le monde. Passionné par son métier et fier représentant de la tradition pâtissière française, chacune de ses créations est un moyen de célébrer le savoir-faire dont il a hérité.
Il est le directeur technique de la Compagnie des Desserts à Lézignan-Corbières depuis janvier 2011 et vibre encore et plus que jamais pour l'excellence du savoir-faire et le dépassement de soi dans le cadre de concours professionnels visant à valoriser un métier manuel.

CE QUI LE TRANSCENDE DANS SA PRATIQUE : faire plaisir à ses clients en travaillant profondément les goûts et en choisissant avec soin ses matières premières, ce qui caractérise selon lui un bon professionnel.

SON TRAIT DE CARACTÈRE : altruiste réservé à la personnalité sensible, émotif à la dégustation.

SA SPÉCIALITÉ : valoriser la pâtisserie française d'une manière générale (la pâtisserie de dégustation, les gâteaux, les bonbons au chocolat, les pièces artistiques) avant de définir son style personnel.

SON MOT D'ORDRE : respecter et défendre la tradition de la pâtisserie française.

SA MISSION EN TANT QUE MEMBRE DU JURY : rassurer les candidats quant à leurs compétences et leur savoir-faire en validant leurs acquis et en tentant de les mener encore plus loin, de leur donner envie de se surpasser. Tel est le challenge d'un concours !

SES ATTENTES PAR RAPPORT À LA JEUNE GÉNÉRATION : dans le cadre d'un concours, on attend des candidats une démonstration d'expérience mais aussi d'exigence, la qualité, le geste parfait, à la manière d'un sportif de haut niveau. Découvrir des graines de star en mettant la pâtisserie française à l'honneur.

SES ATTENTES PÂTISSIÈRES : un bon pâtissier est quelqu'un qui a un savoir-faire mais qui va surtout aimer ce qu'il fait, faire plaisir aux autres tout en se faisant plaisir à soi également.

QUI SERA LE PROCHAIN GRAND PATISSIER?
Ophélie
COOKING STAR

Ophélie

À 27 ans seulement, Ophélie a déjà 9 années d'expérience pâtissière à son actif. Cette jeune femme originaire de Courbevoie (Région parisienne) a initialement entamé une formation en pâtisserie à l'école Ferrandi pour comprendre et maîtriser le processus de création pâtissier. Ophélie avait pour objectif de devenir photographe culinaire, mais sa curiosité et son perfectionnisme l'ont poussée à se dépasser toujours davantage dans l'apprentissage de cette discipline.

Ophélie est obnubilée par cette soif de connaissance du domaine et animée par le plaisir qu'elle peut procurer aux clients. Ce n'est pas par hasard qu'elle a choisi un environnement professionnel de luxe : cette exigence du client et cette rigueur, elle en fait son challenge quotidien !

Son tempérament de battante pleine de détermination a été son allié au sein de ce concours. Ophélie ne fait jamais les choses à moitié. Sa motivation consiste à se fixer des objectifs clairs et précis tout en suivant ses envies. Ne jamais se reposer sur ses acquis, aller toujours plus loin et prendre du plaisir dans cette ascension, telle serait sa devise...

Son style pâtissier serait un peu à l'image de la femme ultramoderne : séduisant, tendance et tranché dans ses partis pris. Ses créations sont très peu sucrées, Ophélie mise sur la légèreté, la fraîcheur et la douceur pour contenter le client en fin de repas. Mais elle tient toutefois à ne pas perdre le côté réconfortant que l'on peut attendre d'une pâtisserie.

Ce concours a été avant tout pour elle, un formidable moyen de rencontrer des profils très différents sur le plan humain, en plus de créer de l'échange sur le plan professionnel.

Cette aventure qui était pour elle un moyen d'apprendre, encore et toujours, l'a finalement portée au rang de grand pâtissier de cette saison 2.

QUI SERA
LE PROCHAIN

QUI SERA LE PROCHAIN GRAND

PATISSIER ?

le livre de recettes du gagnant

Les recettes du concours d'Ophélie

Pamplemousse confit

La toute première épreuve de l'émission est le moment où chaque candidat se dévoile en élaborant le dessert qui lui ressemble. Ophélie a misé sur des saveurs fraîches et assez osées (huile d'olive, pamplemousse et menthe). Une prise de risque, autant qu'une manière d'affirmer d'entrée de jeu son style ! Le caractère de son dessert et la subtilité du pamplemousse confit ont été remarqués. L'ensemble du jury a été conquis, même Philippe Urraca qui avait pourtant dit ne pas aimer le pamplemousse...

Am stram gram

POUR 4 PERSONNES ◆ PRÉPARATION : 2 HEURES 30 ◆ CUISSON : 1 HEURE 30

Am stram gram en écho à ce jeu d'enfant... Parce qu'il y a ici 3 ingrédients majeurs (l'huile d'olive, le pamplemousse et la menthe). Je ne voulais pas en privilégier un plutôt qu'un autre car je me suis rendu compte que les 3 ensemble feraient un bon équilibre. Puis la pâtisserie est une forme de jeu, celui de pouvoir mélanger des saveurs différentes ! Dans l'idée, cela peut paraître surprenant et étrange, mais quand on le goûte, c'est top ! J'avais également cette volonté de présenter un agrume dans cette recette car ils sont très présents dans ma pâtisserie.

Biscuit à l'olive et pamplemousse

190 g d'œufs (environ 4 œufs)
190 g de sucre semoule
1 pamplemousse rose non traité
125 g de yaourt 0 % (soit 1 yaourt)
150 g d'huile d'olive
75 g de poudre d'amandes
150 g de farine
2 g de levure chimique

Préchauffez le four à 165 °C (th. 5-6). Fouettez les œufs avec le sucre jusqu'à obtenir un ruban. Râpez finement le zeste du pamplemousse à l'aide d'une râpe Microplane®. Mélangez-le avec le yaourt et l'huile d'olive. Incorporez le mélange précédent ainsi que la poudre d'amandes, la farine et la levure. Mélangez délicatement. Versez l'appareil sur une plaque à pâtisserie de 32 x 53 cm, recouverte d'un tapis de silicone de 50 x 30 cm ou d'une feuille de papier sulfurisé. Enfournez 10 minutes Réservez.

Confit de pamplemousse

250 g de pamplemousse rose
(environ 1/2 pamplemousse)
80 g de sucre semoule

Coupez le pamplemousse en 4 et ôtez la partie blanche du cœur. Émincez la chair et mettez-la dans une casserole avec le sucre. Faites cuire à couvert jusqu'à ce qu'elle soit translucide.
Laissez refroidir puis hachez finement au couteau. Réservez.

Crémeux menthe marocaine

450 g de crème liquide entière
30 g de feuilles de menthe marocaine
90 g de jaunes d'œufs (environ 4 jaunes)
60 g de sucre semoule
5 g de gélatine en feuille
Colorant vert hydrosoluble en poudre
(magasins spécialisés)

Portez la crème liquide à ébullition. Ajoutez les feuilles de menthe et mixez. Laissez reposer à couvert 15 minutes pour que le mélange infuse.
Fouettez les jaunes avec le sucre jusqu'à ce que le mélange blanchisse. Réhydratez la gélatine en la trempant dans de l'eau froide.
Passez l'infusion au chinois et mettez-la dans une casserole avec le mélange jaunes d'œufs-sucre. Faites cuire le tout à feu doux tout en remuant jusqu'à épaississement, à la manière d'une crème anglaise. Incorporez la gélatine, colorez légèrement et réservez au réfrigérateur.

Florentin

85 g de beurre
37 g de sirop de glucose
105 g de sucre semoule

Faites fondre le beurre avec le sirop de glucose et le sucre. Mélangez bien le tout et étalez l'appareil entre 2 feuilles de papier sulfurisé. Réservez au congélateur.
Préchauffez le four à 180 °C (th. 6). Enfournez 6 à 8 minutes. Détaillez au moins 4 anneaux à l'aide d'emporte-pièce de 4 et 10 cm de diamètre. Réservez.

Pamplemousse confit

1 pamplemousse rose non traité
350 g de jus de pamplemousse rose
(environ 3 pamplemousses pressés)
70 g de sucre semoule

Prélevez des bandes de zeste en pelant le pamplemousse à l'économe. Blanchissez-les en les plongeant dans une casserole d'eau froide et en portant à ébullition, puis égouttez-les. Réalisez cette opération 8 fois au total.
Faites un sirop avec le jus de pamplemousse rose et le sucre. Faites-y confire les zestes en les cuisant à petits frémissements 10 minutes Détaillez des pastilles de diverses tailles à l'aide des embouts de douilles unies n° 11, 8 et 6, puis réalisez une julienne avec le reste. Réservez.

Sorbet pamplemousse/menthe

250 g d'eau
170 g de sucre semoule
1 botte de menthe marocaine
8 g de super neutrose (stabilisateur,
dans les magasins spécialisés)
25 g de glucose atomisé
25 g de dextrose (sucre inverti)
500 g de lait
440 g de jus de pamplemousse rose
(environ 4 pamplemousses pressés)
20 g de jus de citron jaune
(environ 1 citron pressé)

Réalisez un sirop avec l'eau et le sucre. Plongez-y la botte de menthe équeutée. Laissez infuser à couvert jusqu'à refroidissement. Passez au chinois puis faites chauffer de nouveau afin d'y intégrer le stabilisateur, le glucose atomisé et le dextrose. Laissez refroidir avant d'ajouter le lait et les jus. Turbinez dans une sorbetière et conservez au congélateur.

Siphon pamplemousse

4 g de gélatine en feuille
85 g de sirop à 30° Brix (50 g d'eau + 50 g de sucre)
200 g de jus de pamplemousse rose
(environ 2 pamplemousses pressés)
25 g de lait

Réhydratez la gélatine en la trempant dans de l'eau froide. Faites chauffer le sirop à 30° Brix pour y incorporer la gélatine essorée. Laissez refroidir avant d'ajouter le jus et le lait. Versez dans le siphon, ajoutez 1 à 2 cartouches de gaz et réservez au réfrigérateur.

Décor et montage

2 pamplemousses roses
Sommités de menthe marocaine
Feuille d'or

Pressez un pamplemousse et prélevez les suprêmes de l'autre. Imbibez le biscuit à l'huile d'olive avec le jus et étalez une fine couche de confit haché de pamplemousse. Étalez par-dessus uniformément une couche de crémeux à la menthe. Le montage final doit faire environ 1,5 cm de hauteur. Laissez prendre au congélateur avant de détailler avec des emporte-pièce de 5 et 9 cm de diamètre pour obtenir au moins 4 anneaux. Dans une assiette, déposez un anneau de biscuit et recouvrez-le d'un florentin. Réalisez un boudin de crémeux à la menthe par-dessus.
Disposez 3 suprêmes de biais, décorez avec des pastilles et la julienne de pamplemousse confit, ainsi que des sommités de menthe. Déposez entre les suprêmes une mini-quenelle de sorbet. Terminez avec une touche de feuille d'or. Servez l'émulsion de pamplemousse au siphon dans une saucière ou une verrine à part que l'on versera au centre de l'anneau juste avant la dégustation.

L'astuce d'Ophélie

Il y a 3 grandes variétés de pamplemousses, les blancs, les roses et les rouges, dits « ruby ». Je préfère nettement les pamplemousses roses pour leur teinte légèrement pastel saumonée et leur goût naturellement sucré, avec peu d'amertume.

Blette

Ophélie s'est retrouvée en immersion chez Pascal Lac à Nice. Le pâtissier créateur, à la tête de plusieurs boutiques dans le sud de la France, attache un soin tout particulier au choix de ses matières premières et notamment aux grands crus de chocolat. Lié à son terroir et l'âme taquine, il lance aux candidats le premier challenge de remettre au goût du jour la spécialité régionale sucrée à base de blettes. Cette tourte sucrée salée est disponible toute l'année dans le pays niçois, excepté durant l'été. La « tourta de blea » fait même partie des 13 desserts de Noël ! On trouverait sa trace dans des écrits du xve siècle, mais cette tradition serait bien plus ancienne... Cette recette chargée d'histoire fait écho à l'agriculture capricieuse du pays niçois. La blette aurait été, durant des siècles, le produit qui poussait aisément seul et en abondance sur le sol azuréen, d'octobre à juillet. C'est ainsi qu'elle finit par faire l'objet d'un dessert à proprement dit. Mais pas vraiment, cette spécialité pouvant se déguster à tout moment de la journée...
Ce défi déconcertant déstabilise les jeunes pâtissiers qui n'ont pas vraiment l'habitude de travailler un légume vert dans leurs douceurs.

Tourte de nos jours

POUR 3 PERSONNES ◆ PRÉPARATION : 3 HEURES ◆ CUISSON : 1 HEURE

Je connaissais déjà la tourte aux blettes pour l'avoir dégustée dans les ruelles du vieux Nice quelques années auparavant ! Néanmoins, je fus assez surprise de devoir la réinterpréter, je ne m'y attendais pas du tout. Cela n'a pas été simple car il y a beaucoup d'ingrédients qui la composent. Pour moi, il était important de retrouver le goût assez franc de la blette et de faire en sorte que le vert du légume soit apparent. J'ai pris un certain risque en réalisant un montage en chartreuse, la forme de petit gâteau boutique n'étant pas ma spécialité...

Sablé pignon de pin

175 g de farine
50 g de pignons de pin
50 g de poudre d'amandes
25 g de sucre semoule
130 g de beurre pommade
1 citron non traité

Réduisez les pignons en poudre, ajoutez-y la poudre d'amandes. Râpez finement le zeste de citron et mélangez-le aux poudres d'amandes et de pignon. Ajoutez le sucre et la farine. Mélangez bien avant d'incorporer le beurre. Étalez la pâte au rouleau entre 2 feuilles de papier sulfurisé. Réservez au frais 20 minutes. Préchauffez le four à 160 °C (th. 5). Découpez 3 cercles de 8 cm de diamètre et 3 anneaux avec des emporte-pièce de 8 et 6 cm de diamètre. Déposez le tout sur une plaque recouverte de papier sulfurisé. Enfournez 60 minutes.

Terrine de pommes confites

4 pommes golden
50 g de sucre semoule
500 g de jus d'orange (environ 8 oranges à jus)
1 gousse de vanille
50 g de rhum
50 g de beurre noisette

Préchauffez le four à 165 °C (th. 5-6). Pelez, évidez et tranchez les pommes finement à la mandoline. Disposez-les en couches superposées jusqu'en haut d'une terrine ou d'un moule à cake de capacité 1 l. Réalisez un caramel à sec en chauffant le sucre dans une casserole jusqu'à obtenir une couleur ambrée. Par ailleurs, faites chauffer le jus d'orange avec la gousse de vanille fendue en 2 et grattée ainsi que le rhum. Déglacez le caramel avec le jus d'orange pour obtenir un sirop. Faites chauffer le beurre dans une casserole jusqu'à ce qu'il fonde et dégage une odeur de noisette. Incorporez ce beurre noisette au sirop et versez le tout sur les pommes dans la terrine. Enfournez 20 à 25 minutes.

Garniture aux blettes

20 feuilles de blettes
70 g de raisins blonds secs
30 g de pignons de pin
15 g de citron confit

Plongez les feuilles de blettes dans une grande quantité d'eau bouillante salée 3 à 4 minutes Égouttez-les et plongez-les dans une grande bassine d'eau glacée pour stopper la cuisson et conserver la couleur verte. Hachez le citron confit et mélangez-le avec les pignons et les raisins. Ajoutez environ 250 g de la terrine aux pommes et mélangez bien le tout. Réservez les 10 plus belles feuilles de blettes et découpez les autres grossièrement. Incorporez ces dernières.

Citrons confits

1 citron jaune non traité
60 g de jus de citron
60 g de sucre semoule

Prélevez des bandes de zeste en pelant le citron à l'économe. Blanchissez-les en les plongeant dans une casserole d'eau froide et en portant à ébullition, puis égouttez-les. Réalisez cette opération 7 fois au total. Faites un sirop avec le sucre et le jus de citron. Faites-y confire les zestes en les cuisant à petits frémissements 2 à 3 minutes. Une fois refroidis, détaillez des pastilles avec l'embout d'une douille n° 14.

Décor et montage

Nappage neutre
Sucre glace
1 pomme golden

Faites chauffer le nappage neutre dans une casserole pour le liquéfier. Réalisez un montage en chartreuse, soit dans un cercle à petit gâteau de 7 cm de diamètre et 4 cm de hauteur, à partir des 10 feuilles de blettes réservées. Commencez le montage à l'envers en mettant un peu de terrine de pommes au fond puis un peu de garniture aux blettes par-dessus. Refermez avec des feuilles de blettes.
Retournez le palet de blettes, nappez-le de nappage neutre avant de le déposer sur un sablé rond. Saupoudrez le sablé en anneau de sucre glace et déposez-le par-dessus. Décorez avec les pastilles de citron confit et de petits suprêmes de pomme fraîche nappés de nappage neutre.

L'astuce d'Ophélie Je choisis des blettes bien vertes avec très peu de côtes blanches centrales pour avoir de belles grandes feuilles.

Framboise

Toujours en immersion aux côtés de Pascal Lac, Ophélie a dû imaginer la confection d'un gâteau d'anniversaire personnalisé. Les candidats avaient pour défi de réaliser ce dessert événement pour une jeune femme qu'ils ne connaissaient pas…

Ça n'arrive qu'une fois !

POUR 12 PERSONNES ◆ PRÉPARATION : 4 HEURES ◆ CUISSON : 30 MINUTES

Lorsque nous découvrons l'épreuve, les seuls éléments mis à disposition étaient les suivants : la jeune femme fête ses 20 ans et elle aime particulièrement la vanille et les fruits rouges !
Il fallait donc être à la fois assez classique dans la réalisation de l'entremets tout en accentuant le travail sur le décor, car on n'a qu'une seule fois 20 ans ! Je suis partie sur le plus gourmand et le plus délicieux des petits fruits rouges… Qui n'aime pas la framboise ?

Gelée de framboise

400 g de framboises entières surgelées ou fraîches
4,5 g de gélatine en feuille
40 g de sucre semoule

Mettez les framboises avec le sucre dans un récipient filmé au bain-marie 30 minutes. Réhydratez la gélatine en la trempant dans de l'eau froide. Passez le jus à travers un chinois à étamine. Pesez 200 g de jus chaud et incorporez-y la gélatine essorée. Versez la gelée dans un cercle à entremets de 20 cm de diamètre et faites prendre au congélateur.

Dacquoise amande

225 g de blancs d'œufs (environ 7 blancs)
80 g + 195 g de sucre semoule
160 g de poudre d'amandes torréfiée
50 g de farine
5 g de levure chimique
12 g de fécule

Préchauffez le four à 185 °C (th. 6). Montez les blancs en neige au batteur et incorporez les 80 g de sucre semoule. Tamisez tous les autres ingrédients et incorporez-les peu à peu aux blancs montés. Versez l'appareil sur une plaque de 30 x 40 cm et enfournez 15 minutes environ. Laissez refroidir le biscuit.

Framboise pépins

500 g de brisures de framboises surgelées ou fraîches
90 g + 60 g de sucre semoule
6,5 g de pectine NH (magasins spécialisés)
5 g de gélatine en feuille

Réhydratez la gélatine en la trempant dans de l'eau froide. Mettez les framboises avec les 90 g de sucre dans une casserole et faites chauffer à 40 °C. Mélangez le reste de sucre avec la pectine puis incorporez-les. Faites cuire l'appareil environ 10 minutes jusqu'à obtenir une texture de confiture. Ajoutez ensuite la gélatine essorée, mélangez, débarrassez et faites refroidir au congélateur.

Mousse légère à la vanille intense

6 gousses de vanille Bourbon
400 g de lait
80 g de sucre semoule
15 g de gélatine en feuille
600 g de crème liquide entière

Fendez les gousses de vanille en 2 et grattez-les pour récupérer les graines. Mettez le tout dans une casserole avec le lait et le sucre, et faites chauffer tout en remuant.
Réhydratez la gélatine en la trempant dans de l'eau froide.
Passez le lait au chinois et incorporez la gélatine essorée. Laissez refroidir mais sans que l'appareil fige.
Montez la crème au batteur et incorporez-la délicatement au mélange précédent. Réservez.

Croustillant sablé

225 g de sucre glace
170 g de beurre
2 g de sel fin
75 g de poudre d'amandes
195 g de farine
45 g de blancs d'œufs (environ 1 blanc et demi)
125 g d'amandes effilées

Réalisez un beurre pommade au batteur. Incorporez les ingrédients en poudre puis délicatement les amandes effilées. Étalez la pâte au rouleau sur 3 mm d'épaisseur entre 2 feuilles de papier sulfurisé et placez au réfrigérateur.
Préchauffez le four à 145 °C (th. 5). Une fois la pâte refroidie, détaillez un cercle de 24 cm de diamètre et enfournez 25 minutes environ. Laissez refroidir.

Décor et montage

Nappage neutre
Framboises fraîches
Griottes fraîches ou surgelées
Pâte à sucre

Dans un cercle de 26 cm de diamètre, placez un rhodoïd de 4 cm de hauteur à l'intérieur des parois et démarrez le montage à l'envers. Commencez par déposer le disque de gelée de framboise en décalé. Ajoutez la moitié de la mousse de vanille et disposez quelques griottes. Recouvrez la dacquoise de framboise pépins et disposez-la par-dessus. Remettez une couche de mousse à la vanille puis terminez par le croustillant sablé. Laissez prendre l'entremets au congélateur pendant 1 heure 30.
Une fois l'entremets refroidi et figé, faites fondre le nappage neutre et recouvrez-en le gâteau. Décorez avec quelques rondelles de framboises. À l'aide de la pâte à sucre, réalisez les décors que vous souhaitez. Au moment du service, décorez-en l'entremets.

L'astuce d'Ophélie

Vous pouvez utiliser tous les fruits rouges que vous désirez (mûres, framboises, cassis, groseilles, griottes…), ce n'est qu'une question de goût.
La mousse vanille réalisée ici est relativement légère puisqu'elle est dépourvue de jaunes d'œufs, mais rien ne vous empêche de la remplacer par une mousse vanille que vous avez l'habitude de réaliser.
Si vous entreprenez le travail de la pâte à sucre, attention à ne pas tout étaler d'un coup, car c'est un produit qui sèche très vite. Travaillez-la au fur et à mesure.

Fève tonka

Ophélie s'est retrouvée en épreuve éliminatoire...
À travers le challenge de Pierre Marcolini, les candidats ont revisité une pâtisserie chère à son cœur, le Merveilleux. Cette spécialité du nord de la France et des Flandres se compose d'une meringue garnie et enrobée de crème fouettée puis recouverte de copeaux de chocolat. Ce dessert très aérien fait référence à la légèreté de mœurs des jeunes gens du Directoire (1796-1799). À cette période de fin de Terreur, extravagances et divertissements se sont emparés de la société. Les femmes adoptent la mode de l'Antiquité avec des robes drapées façon Empire qui laissent entrevoir leurs formes. Elles sont appelées les « merveilleuses », et leurs cavaliers, les « incroyables ».
Le chocolatier belge donne le choix de réinterpréter cette spécialité en version individuelle ou à partager. Seul impératif, il faut retrouver les éléments de base qui font la spécificité de cette recette (la meringue, la crème fouettée et le chocolat). Ophélie a été la seule à se lancer dans la confection de pâtisseries individuelles. La finesse et la délicatesse de sa réalisation ont séduit le jury à l'unanimité !

Doux Nuage

POUR 4 PERSONNES ◆ PRÉPARATION : 2 HEURES 30 ◆ CUISSON : 1 HEURE

Au départ, je n'avais aucune idée de ce que j'allais réaliser ! D'autant que je n'ai jamais mangé de Merveilleux de ma vie… Mais c'est un gâteau composé de bases classiques. Les connaissant toutes indépendamment, j'ai imaginé ce qu'elles pouvaient donner une fois réunies, en termes de sensations. Je me suis dirigée vers quelque chose de léger tant au goût qu'à l'esthétique.

Pour ne pas rester sur une chantilly classique à la vanille, j'y ai intégré une touche subtile et délicate de fève tonka et je l'ai complétée par une chantilly caramel un peu poussée en coloration… Le chocolat noir au centre du dessert apporte une touche légère de cacao plus corsé qui vient équilibrer le sucre de la meringue et du chocolat au lait.

Meringue tonka

100 g de blancs d'œufs (environ 3 blancs)
100 g de sucre semoule
100 g de sucre glace
Feuillantine
1 fève tonka

Préchauffez le four à 90 °C (th. 3). Montez les blancs en neige puis serrez-les avec le sucre semoule. À la maryse, ajoutez le sucre glace tamisé et la fève tonka râpée à la râpe Microplane®.
Pochez la meringue à l'aide d'un pochoir aux formes rectangulaires sur une feuille de silicone disposée sur une plaque à pâtisserie. Parsemez de feuillantine. Il vous faut 8 meringues pour les 4 desserts individuels. Enfournez 1 heure.

Base caramel

60 g de crème liquide entière
6 g de sirop de glucose
140 g de sucre semoule

Faites chauffer les 60 g de crème liquide avec le glucose dans une casserole. Par ailleurs, réalisez un caramel à sec en faisant fondre le sucre dans une casserole. Lorsqu'il est de couleur ambrée, déglacez-le avec le mélange précédent chaud.

Chantilly caramel

180 g de base caramel
5 g de gélatine en feuille
360 g de crème liquide entière bien froide

Réhydratez la gélatine en la trempant dans de l'eau froide. Essorez-la et incorporez-la dans la base caramel. Faites refroidir l'appareil tout en le conservant bien liquide. Pendant ce temps, montez la crème bien froide au batteur. Incorporez-la délicatement au caramel refroidi et versez le tout sur une feuille de silicone à rebords de 40 x 60 cm. Laissez prendre au réfrigérateur.

Décors chocolat au lait

200 g de chocolat au lait

Mettez au point le chocolat (en réalisant la courbe de cristallisation : faites fondre le chocolat à 40 °C, puis faites-le refroidir à 27 °C. Enfin faites-le remonter à 29 °C. Ainsi, il aura une texture brillante et craquante après avoir refroidi totalement). Étalez-le sur une feuille guitare. À l'aide d'un couteau d'office, réalisez des triangles à partir de rectangles de 13,5 x 3 cm. Réservez.

Feuilles de chocolat noir

100 g de chocolat noir

Mettez au point le chocolat (en réalisant la courbe de cristallisation : faites fondre le chocolat à 45 °C, puis faites-le refroidir à 29 °C. Enfin faites-le remonter à 31-32 °C. Ainsi, il aura une texture brillante et craquante après avoir refroidi totalement). Étalez-le sur une feuille guitare. À l'aide d'un couteau d'office, réalisez des triangles à partir de rectangles de 12 x 2 cm. Réservez.

Chantilly vanille/tonka

1 gousse de vanille
1 fève tonka
40 g de mascarpone
25 g de sucre semoule
250 g de crème liquide entière bien froide

Prélevez les graines de vanille et râpez la fève tonka. Fouettez-les dans le mascarpone avec le sucre. Montez la crème au batteur et incorporez-la délicatement au mélange précédent. Remplissez une poche munie d'une mini-douille à Saint-honoré. Réservez au frais.

Montage

Beurre de cacao
Feuille d'or

Une fois les meringues cuites, faites fondre le beurre de cacao et imperméabilisez-les avec celui-ci à l'aide d'un pinceau. Détaillez 8 rectangles de 12 x 2 cm de chantilly caramel. Disposez une feuille de chocolat noir entre 2 rectangles de chantilly caramel.
Accolez sur chaque bande de caramel 1 meringue à la fève tonka côté feuillantine vers l'extérieur, de manière à prendre en sandwich le montage précédent avec les meringues. Disposez-les sur la tranche.
Disposez les triangles de chocolat au lait également de chaque côté, en quinconce. Pochez la chantilly vanille/tonka sur le dessus. Décorez de chocolat au lait. Déposez une feuille d'or sur chaque dessert individuel.

L'astuce d'Ophélie J'ai choisi de réaliser ce dessert en portion individuelle et tout en longueur, mais vous pouvez tout à fait le préparer sous une autre forme et en dessert à partager.

Chocolat

Ophélie a eu la chance de passer son stage d'immersion au sein d'une institution familiale de maîtres chocolatiers. Parmi la troisième génération, le pâtissier Philippe Bernachon perpétue fièrement la tradition de cette saga lyonnaise. C'est une des rares maisons à sélectionner et à torréfier elle-même ses fèves de cacao. L'artisan de renom est aussi le petit-fils de Paul Bocuse, rien que ça ! Il propose alors aux candidats de revisiter leur gâteau le plus célèbre, le « président ».

Paul Bocuse a été décoré de la Légion d'honneur en 1975 par Valéry Giscard d'Estaing. Maurice Bernachon et Paul Bocuse, grands-pères de Philippe, voulaient proposer pour cette occasion une gourmandise totalement originale. C'est ainsi qu'a été créé ce gâteau composé de 3 couches de génoises imbibées de cherry et garnies d'une ganache gianduja aux cerises macérées au cherry. Signe distinctif, il est surmonté d'un impressionnant bouquet de copeaux de chocolat géants qui lui apportent tout son panache.

Le collonges

POUR 6-8 PERSONNES ◆ PRÉPARATION : 3 HEURES ◆ CUISSON : 30 MINUTES

Comme nous nous rendions à Collonges-au-Mont-d'Or pour la dégustation, dans le restaurant de Paul Bocuse, j'ai immédiatement pensé à revisiter le Président sous la forme d'un « C », en montant mon entremets entre deux cercles.

Parce que Collonges-au-Mont-d'Or (monts du Lyonnais) est riche de vergers, j'ai décidé de remplacer la cerise par de la poire et d'ajouter une touche très gourmande de praliné de noix. C'était pour moi l'occasion de rendre hommage à cette région reconnue pour sa culture gastronomique.

Biscuit mirliton aux noix

125 g de poudre de noix
55 g de poudre d'amandes
180 g de sucre semoule
16 g de miel
16 g de poudre à crème
220 g d'œufs (environ 4 œufs et demi)
90 g de sucre glace

Préchauffez le four à 160 °C (th. 5). Mélangez tous les ingrédients au batteur 10 minutes à vitesse moyenne jusqu'à ce que le tout blanchisse. Sur une plaque de 40 x 60 cm recouverte d'une feuille de silicone ou de papier sulfurisé, versez l'appareil aux 3/4 et enfournez pendant 2 fois 4 minutes.

Praliné aux noix

250 g de cerneaux de noix
80 g de sucre semoule
15 g d'eau

Préchauffez le four à 140 °C (th. 4-5). Mettez les noix sur une plaque à four et faites-les torréfier 10 minutes. Mettez le sucre dans une casserole avec l'eau. Faites cuire à 121 °C puis ajoutez les noix. Sablez et caramélisez-les. Débarrassez sur une feuille de silicone et laissez refroidir avant de mixer pour obtenir une pâte bien lisse.

Ganache crémeuse au chocolat

80 g de jaunes d'œufs (environ 4 jaunes)
40 g de praliné aux noix (voir étape précédente)
140 g de chocolat noir
125 g de lait
125 g de crème

Fouettez les jaunes avec le praliné. Dans une casserole, portez à ébullition le lait et la crème puis versez peu à peu sur le mélange précédent tout en fouettant. Remettez le tout à cuire comme une crème anglaise sur feu doux, jusqu'à épaississement. Versez sur le chocolat en morceaux. Mixez pour lisser. Entreposez au réfrigérateur.

Gelée de poire

300 g de poires au sirop
6 g de gélatine en feuille

Réhydratez la gélatine en la trempant dans de l'eau froide. Mixez les poires au sirop, prélevez une partie de la pulpe et chauffez-la pour y incorporer la gélatine préalablement essorée. Ajoutez le reste de poires mixées. Réservez.

Poires semi-confites

2 poires au sirop
80 g de cherry (alcool de griottes)
50 g de sirop de léger des poires

Découpez les poires en brunoise et mettez-les à confire dans le sirop 5 minutes à feu doux. Ajoutez le cherry. Réservez.

Mousse légère au chocolat

6 g de gélatine en feuille
185 g de lait
225 g de chocolat noir
375 g de crème liquide entière bien froide

Réhydratez la gélatine en la trempant dans de l'eau froide. Faites chauffer le lait et incorporez la gélatine essorée. Hachez le chocolat puis versez le lait chaud par-dessus, fouettez et faites légèrement refroidir. Montez la crème au batteur et incorporez-la délicatement au mélange précédent.

Appareil à pistolet

300 g de chocolat noir
200 g de beurre de cacao

Faites fondre le tout au bain-marie.

Décor et montage

Chocolat noir
Cerneaux de noix
Feuilles d'or

Mettre au point le chocolat noir (en réalisant la courbe de cristallisation : faites fondre le chocolat à 45 °C, puis faites-le refroidir à 29 °C. Enfin faites-le remonter à 31-32 °C. Ainsi, il aura une texture brillante et craquante après avoir refroidi totalement) et étalez-le sur un plan de travail. Laissez-le figer légèrement puis réalisez des copeaux avec un emporte-pièce de 4 cm de diamètre.
Détaillez le biscuit mirliton avec 2 cercles à entremets, disposés façon gigogne, de 16 et 24 cm de diamètre afin d'obtenir 3 biscuits identiques de la forme d'un « C ».
Laissez un biscuit entre les cercles et commencez par le montage de l'insert. Étalez un peu de praliné aux noix. Mélangez la gelée de poires avec la brunoise confite et ajoutez-les sur le montage.
Déposez le deuxième biscuit et imbibez-le de cherry. Versez 2/3 de la ganache au chocolat. Déposez le dernier biscuit, imbibez-le et versez le reste de la ganache. Faites prendre au congélateur 45 minutes.
Prenez 2 cercles à entremets de 18 et 24 cm de diamètre. De la même manière que précédemment, formez un « C ». Pochez la mousse au chocolat dans cette forme sur les bords, placez l'insert au centre et complétez avec la mousse pour obtenir un entremets bien net. Entreposez 1 heure au congélateur.

Démoulez et coupez les extrémités pour obtenir un beau « C ». Pulvérisez le chocolat au pistolet, décorez le dessus avec les copeaux de chocolat et râpez quelques noix à l'aide d'une microrâpe. Terminez avec quelques feuilles d'or.

L'astuce d'Ophélie

Pour faire durcir plus rapidement l'insert et l'entremets final, veillez à vous faire un maximum de place dans votre congélateur.

Cardamome

Lors de la manifestation du Mondial des arts sucrés, les candidats ont investi les lieux afin de se confronter au public présent. Ils se sont retrouvés dans les conditions de ce concours académique qui se déroule chaque année à Paris. Philippe Urraca avait concocté pour eux une épreuve mettant à l'honneur le chocolat suivant ces 3 parfums : noir, au lait et blanc.

Mystère indien

POUR 2 ENTREMETS DE 8 PERSONNES CHACUN ◆ PRÉPARATION : 3 HEURES ◆ CUISSON : 40 MINUTES

Je ne suis pas très chocolat, surtout le lait ou le blanc. J'apprécie les chocolats avec une certaine intensité. Or il fallait ici traiter les 3 variétés et les marier au minimum avec une épice. J'ai pour habitude d'associer la fraîcheur capiteuse et poivrée de la cardamome verte au chocolat. J'ai complété cet accord avec le café qui s'allie très bien à l'ensemble.

Sablé cacao/feuillantine

275 g de beurre
90 g de sucre glace
2,5 g de sel fin
270 g de farine T55
20 g de poudre de cacao
50 g de poudre d'amandes
50 g de feuillantine
Beurre de cacao

Au batteur, mélangez le beurre jusqu'à le rendre pommade. Ajoutez le sucre glace, les ingrédients en poudre et la feuillantine. Étalez la pâte sablée sur 1 cm d'épaisseur environ. Entreposez 15 minutes au congélateur. Préchauffez le four à 160 °C (th. 5). Détaillez 2 cercles de 16 cm de diamètre. Déposez-les sur une plaque à pâtisserie recouverte d'une feuille de silicone ou de papier sulfurisé et enfournez 15 minutes environ. À la sortie du four, badigeonnez au pinceau une fine couche de beurre de cacao fondu pour imperméabiliser les sablés. Réservez.

Biscuit chocolat moelleux

120 g d'œufs (environ 2 œufs et demi)
110 g + 60 g de sucre semoule
55 g de poudre d'amandes
40 g de farine T45
45 g de poudre de cacao
130 g de beurre clarifié
180 g de blancs d'œufs (environ 6 blancs)

Préchauffez le four à 175 °C (th. 6). Fouettez les œufs entiers avec les 110 g de sucre jusqu'à obtenir un ruban. Par ailleurs, montez les blancs en neige au batteur puis ajoutez les 60 g de sucre à la fin. Mélangez et tamisez la poudre d'amandes, la farine et la poudre de cacao. Incorporez le beurre, en 2 fois, au mélange initial travaillé en ruban. Intégrez ensuite la moitié des blancs montés puis ajoutez les poudres tamisées. Terminez en intégrant délicatement le reste des blancs montés. Étalez l'appareil sur 1 cm d'épaisseur sur une plaque à pâtisserie recouverte d'une feuille de silicone ou de papier sulfurisé. Enfournez 8 minutes Détaillez 2 cercles de 14 cm de diamètre et réservez.

Ganache chocolat blanc/cardamome

240 g de crème liquide entière
300 g de chocolat blanc
4 graines de cardamome

Faites bouillir la crème et ajoutez la cardamome concassée. Laissez infuser 10 minutes puis passez au chinois. Faites bouillir à nouveau la crème et versez-la sur le chocolat blanc en morceaux. Mixez pour bien lisser le mélange et réservez au frais.

Crémeux chocolat lait/café

2 g de gélatine en feuille
112 g de chocolat au lait
15 g de café en grains
240 g de crème liquide entière
3 g de café lyophilisé

Réhydratez la gélatine en la trempant dans de l'eau froide. Faites bouillir la crème et ajoutez le café concassé. Laissez infuser 10 minutes puis passez au chinois. Faites bouillir à nouveau la crème et versez-la sur le chocolat au lait en morceaux avec le café lyophilisé. Incorporez la gélatine essorée. Mixez pour bien lisser le mélange et réservez au frais.

Mousse légère au chocolat noir

370 g de lait
12 g de gélatine en feuille
450 g de chocolat noir à 64 %
750 g de crème liquide entière bien froide

Réhydratez la gélatine en la trempant dans de l'eau froide. Faites chauffer le lait puis incorporez la gélatine essorée. Versez le tout sur le chocolat en morceaux, mélangez bien. Laissez refroidir et en parallèle, montez la crème au batteur. Lorsque l'appareil au chocolat est à 30 °C, incorporez la crème montée et réservez au frais.

Flocage lait

175 g de chocolat au lait
50 g de chocolat noir
150 g de beurre de cacao

Décor et montage

Chocolat noir de couverture
Poudre d'or scintillante

Étalez le chocolat tempéré à point sur une feuille guitare. Détaillez des disques de 16 cm de diamètre. Ajourez-les chacun de 3 trous de tailles différentes à l'aide de tubes japonais ou de douilles unies.
Préparez l'insert de biscuit avec la ganache blanche et le crémeux chocolat lait/café : montez légèrement la ganache au chocolat blanc au batteur et mettez-la dans une poche munie d'une douille n° 12. Garnissez-en chaque disque de biscuit en réalisant chaque fois 2 anneaux distants. Entre les anneaux de ganache blanche, pochez le crémeux au chocolat lait/café. Entreposez 20 minutes au congélateur.
Dans 2 cercles à entremets de 18 cm de diamètre, disposez du rhodoïd contre les parois. Pochez la mousse légère de chocolat dans le fond et sur les bords des moules. Disposez les inserts de biscuit face crémeux/ganache contre la mousse. Déposez une feuille de chocolat puis remettez de la mousse avant de fermer chaque entremets avec un sablé cacao/feuillantine. Lissez les entremets. Entreposez 1 heure au congélateur. Retournez les entremets, décerclez-les et floquez pour obtenir un effet velours. Ornez avec les décors de chocolat, finir avec quelques feuilles d'or.

L'astuce d'Ophélie Pour la réalisation de ce décor, j'ai utilisé un transfert avec un motif prédéfini. Vous le trouverez dans les magasins spécialisés ou sur internet.

Citron

Ophélie s'est retrouvée en stage d'immersion auprès de Julien Dugourd, pâtissier talentueux du restaurant *La Chèvre d'or* à Èze, entre Nice et Monaco. Le pâtissier a soumis une épreuve test aux candidats. Après leur avoir fait déguster une de ses créations phare impressionnante mettant à l'honneur le citron, ils ont dû la reproduire le plus fidèlement possible en s'appuyant sur leurs papilles, mais aussi en tentant de décrypter les prouesses techniques qui s'y cachaient…

Comme une tarte au citron

POUR 6 PERSONNES ◆ PRÉPARATION : 2 HEURES 30 ◆ CUISSON : 40 MINUTES

Cette épreuve davantage basée sur la technicité que sur la créativité m'a permis de découvrir pleinement l'univers et le style de Julien Dugourd et de travailler l'agrume phare de la région, le citron de Menton.

Crème citron

2,8 g de gélatine en feuille
150 g de jus de citron pressé filtré
230 g d'œufs (environ 4 œufs et demi)
150 g de sucre semoule
140 g de beurre

Réhydratez la gélatine en la trempant dans de l'eau froide. Faites cuire dans une casserole à feu moyen le jus de citron, les œufs battus et le sucre, tout en mélangeant jusqu'à ce que la préparation donne une ébullition. Incorporez la gélatine essorée et versez le tout sur le beurre en morceaux. Mixez bien, filmez et réservez au réfrigérateur.

Sablé

140 g de beurre
1,5 g de sel fin
45 g de cassonade
10 g de jaune d'œuf (prévoir 1 jaune)
125 g de farine T55
25 g de fécule
25 g de poudre d'amandes

Préchauffez le four à 160 °C (th. 5). Au batteur muni de la feuille, travaillez le beurre en pommade. Ajoutez le sel et la cassonade, le jaune et enfin la farine, la fécule et la poudre d'amandes. Étalez la pâte sablée sur 0,5 cm d'épaisseur sur un papier sulfurisé. Transférez le tout sur une plaque et enfournez 15 minutes environ. À la sortie du four, détaillez 6 disques de 4 cm de diamètre.

Biscuit moelleux olive/citron jaune

4 œufs
190 g de sucre semoule
125 g de yaourt nature (soit 1 yaourt)
150 g de farine
2 g de levure chimique
75 g de poudre d'amandes
130 g d'huile d'olive
1 citron non traité

Préchauffez le four à 165 °C (th. 5-6). Fouettez les œufs avec le sucre jusqu'à la formation d'un ruban. Ajoutez le yaourt puis la farine, la levure et la poudre d'amandes. Mélangez bien avant d'intégrer l'huile d'olive et enfin le zeste râpé du citron. Étalez le biscuit sur une demi-plaque de 40 x 60 cm et enfournez 10 minutes.

Crème légère au citron

100 g de crème liquide entière bien froide
200 g de crème citron (voir étape précédente)
1 citron non traité

Montez la crème au batteur muni du fouet et incorporez-la délicatement à la crème au citron refroidie. Râpez le zeste du citron et ajoutez-le. Réservez en poche munie d'une douille unie n° 12.

Zestes de citron confit

4 citrons jaunes non traités
150 g de jus de citron (environ 5 citrons pressés)
150 g de sucre semoule

Prélevez des bandes de zeste en pelant les citrons à l'économe. Blanchissez-les en les plongeant dans une casserole d'eau froide et en portant à ébullition, égouttez-les. Réalisez cette opération 7 fois.

Faites un sirop avec le jus et le sucre. Faites-y confire les zestes en les faisant cuire à petits frémissements 5 minutes.
Détaillez des pastilles à l'aide de l'embout de douille unie n° 10. Réservez.

Coques de chocolat blanc forme citron

Chocolat blanc
12 demi-moules en forme de citron

Mettez le chocolat au point (en réalisant la courbe de cristallisation : faites fondre le chocolat à 40 °C, puis faites-le refroidir à 26 °C. Faites-le remonter à 28 °C. Ainsi, il aura une texture brillante et craquante après avoir refroidi totalement). Moulez-le dans des moules en forme de citron. Réservez au frais.

Flocage jaune et vert

100 g de beurre de cacao
150 g de chocolat blanc
Colorant liposoluble jaune
Colorant liposoluble vert

Au bain-marie, mélangez le beurre de cacao et le chocolat. Divisez la masse en 2 et colorez chaque partie d'un colorant différent. Réservez.

Meringue

70 g de blancs d'œufs (environ 2 gros blancs)
70 g de sucre semoule

Montez les blancs au batteur et ajoutez le sucre à la fin. Mettez la meringue dans une poche munie d'une douille à Saint-honoré. Réservez.

Montage

Lorsque le biscuit à l'huile d'olive est refroidi, étalez par-dessus une couche de 0,5 cm d'épaisseur de crème au citron. Entreposez 15 minutes au congélateur. Détaillez 6 disques de 3,5 cm de diamètre.

Garnissez les 2 coques de chocolat blanc de crème légère au citron. Placez dans chacune, en guise d'insert, un disque de biscuit puis fermez avec un disque de sablé.

Accolez les 2 coques de citron ensemble, pour reconstituer un citron entier, en les collant avec de la crème au citron. Entreposez-le au congélateur pendant 20 minutes. Pulvérisez au pistolet du flocage jaune sur l'intégralité du citron puis du flocage vert mais uniquement sur un côté. Dressez le citron sur assiette. Pochez la meringue sur les bords de l'assiette et dorez-la à l'aide d'un chalumeau. Déposez quelques pastilles de citron confit sur la meringue ainsi que des pousses de basilic nain.

L'astuce d'Ophélie Utilisez de préférence des citrons non traités, plus sains et plus parfumés, ils apporteront une vraie fraîcheur au dessert.

Sablé basque

Thierry Bamas reçoit Ophélie en stage d'immersion. Basé à Anglet, il est un meilleur ouvrier de France reconnu dans tout le Pays basque. Afin d'associer ses 2 savoir-faire de prédilection, le pâtissier glacier lance aux candidats un défi de taille : revisiter le gâteau basque en version glacée !
Si le chef avoue avec amusement qu'il y a autant de recettes de ce gâteau que de maisons basques, sa pâte sablée aussi croquante que moelleuse est généralement garnie d'une crème pâtissière parfumée à la poudre d'amandes et au rhum. Il en existe une autre version, garnie à la confiture de cerises noires. Cette spécialité serait née à Cambo-les-Bains vers 1870. Marianne Hirigoyen serait à l'origine de celui qu'on appelait initialement le « gâteau de Cambo ». Au début du XIXe siècle, la pâtisserie de Marianne est reprise par ses petites-filles, les sœurs Dibar, dites Biscotx (« biscuit »). Elles perpétuèrent cette recette toute leur vie et la confièrent au pâtissier local nommé Ingres, juste avant leur disparition...

Version glacée, pour Sophie...

POUR 8 PERSONNES ◆ PRÉPARATION : 2 HEURES 30 ◆ CUISSON : 1 HEURE

Le gâteau basque est pour moi un souvenir d'enfance puisqu'une partie de ma famille vit dans le Pays basque et que ma tante Sophie fait pour moi le meilleur qui soit !
Un gâteau basque n'est déjà pas chose simple à réaliser. En effet, il faut faire attention à la température à laquelle on travaille la pâte sablée lorsqu'on l'étale. Une version glacée, je ne m'y attendais pas !
Thierry Bamas nous avait présenté le traditionnel gâteau basque à la crème, sans la confiture de cerises noires, j'ai alors hésité un instant à incorporer un sorbet griotte à ma version glacée. J'aurais dû écouter mon instinct ! Mon résultat certes traditionnel était plutôt satisfaisant. J'ai utilisé les motifs bayadères que l'on retrouve sur les tissus basques.

Sablé basque

240 g de beurre
270 g de cassonade
1 œuf
30 g de jaune d'œuf (environ 1 jaune)
300 g de farine
5 g de levure chimique
5 g de sel fin
1 citron jaune non traité

Préchauffez le four à 165 °C (th. 5-6). Travaillez le beurre en pommade au batteur muni de la feuille. Ajoutez la cassonade, l'œuf et le jaune puis incorporez la farine, la levure et le sel. Râpez le zeste et ajoutez-le. Étalez finement le sablé sur une plaque recouverte de papier sulfurisé. Détaillez 2 disques de sablé de 16 et 20 cm de diamètre et réservez le tout avec les chutes détaillées en bandes (à déposer lors du montage sur le disque de 20 cm). Enfournez-le tout 30 minutes environ.

Biscuit mirliton

180 g de poudre d'amandes
180 g de sucre glace
15 g de miel liquide
15 g de poudre à crème
220 g d'œufs (environ 4 gros œufs)
90 g de jaunes (environ 4 gros jaunes)
Purée de griottes

Préchauffez le four à 160 °C (th. 5). Mélangez tous les ingrédients (excepté la purée de griottes) au batteur puis étalez l'appareil sur une plaque de 40 x 60 cm recouverte d'une feuille de silicone ou de papier sulfurisé. Enfournez 8 minutes. Détaillez un disque de 16 cm de diamètre et imbibez-le avec de la purée de griottes. Réservez.

Croustillant sablé basque

250 g de sablé basque cuit (voir étape précédente)
50 g de beurre
35 g de beurre de cacao

Émiettez le biscuit basque cuit au batteur et ajoutez les beurres fondus. Étalez entre 2 feuilles guitare et entreposez 15 minutes au congélateur. Détaillez un disque de 18 cm de diamètre. Réservez au congélateur.

Glace rhum/vanille/amande

1 l de lait
300 g de crème liquide entière
100 g d'amandes mondées
2 gousses de vanille
170 g de sucre semoule
3 g de stabilisateur
220 g de jaunes d'œufs (environ 11 jaunes)
Rhum ambré

Faites bouillir le lait avec la crème et les amandes. Mixez, faites infuser 10 minutes puis passez au chinois pour filtrer le mélange. Fendez et raclez les gousses de vanille pour en récolter les graines. Mettez le tout dans le lait infusé avec la moitié du sucre et faites chauffer à 50 °C.
Mélangez le reste de sucre avec le stabilisateur et ajoutez au lait. Versez le lait chaud sur les jaunes et remettez le tout à cuire comme une crème anglaise à feu doux, jusqu'à épaississement. Passez au chinois puis mixez. Laissez refroidir avant d'ajouter le rhum. Turbinez et réservez au congélateur.

Glace « sablé basque »

1,8 kg de lait
170 g de sucre semoule
9 g de stabilisateur
120 g de glucose atomisé (magasins spécialisés)
240 g de jaunes d'œufs (environ 12 jaunes)
120 g de sablé basque cuit (voir étape précédente)
9 g de fleur de sel
30 g de beurre fondu

Faites chauffer le lait avec la moitié du sucre à 50 °C. Mélangez le reste de sucre avec le stabilisateur et le glucose atomisé puis incorporez le tout au lait chaud, mélangez bien. Versez le lait chaud sur les jaunes et remettez le tout à cuire comme une crème anglaise à feu doux, jusqu'à épaississement. Concassez le sablé basque cuit en brisures. Ajoutez-les avec la fleur de sel et le beurre fondu. Mixez, passez au chinois et laissez refroidir. Turbinez et réservez au congélateur.

Décor et montage

Commencez par réaliser l'insert : dans un cercle à entremets de 16 cm de diamètre, déposez au fond le disque de sablé basque cuit. Déposez une couche de glace rhum/vanille/amande puis recouvrez du disque de biscuit mirliton et recouvrez de cette même glace. Entreposez 20 minutes au congélateur.
Dans un cercle à charnières de 20 cm de diamètre, garnissez le fond de glace « sablé basque » et déposez l'insert au centre. Complétez de glace « sablé basque » pour lisser l'entremets. Terminez en déposant le disque de croustillant sablé basque. Entreposez l'entremets 30 minutes au congélateur. Retournez-le. Décerclez l'entremets glacé et chemisez les pourtours de sablé basque réduit en poudre. Décorez le dessus d'un sablé basque de 20 cm avec des chutes détaillées en bande.

L'astuce d'Ophélie Je vous conseille de « sangler » les cercles à entremets avant de commencer le montage, c'est-à-dire de les entreposer au congélateur pour qu'il n'y ait pas de fonte de la glace au moment de la pocher.

Piment d'Espelette

Le Pays basque est aussi une région influencée par quelques coutumes hispaniques, comme les tapas ! À l'occasion d'un cocktail en l'honneur d'une rencontre sportive de pelote basque, Thierry Bamas confie à chacun des candidats la réalisation de 2 tapas sucrés. L'ingrédient choisi par Ophélie pour le premier tapas est l'épice régionale, le piment d'Espelette.

Choc'Espelette

POUR 40 PIÈCES ◆ PRÉPARATION : 1 HEURE 30 ◆ CUISSON : 1 HEURE

J'ai choisi de rester concentrée sur ce produit régional en réalisant tout simplement une bouchée croustillante au chocolat garnie, entre autres, d'un crémeux au piment d'Espelette.

Pâte à cigarette cacao

100 g de beurre
100 g de sucre glace
100 g de blancs d'œufs (environ 3 blancs)
80 g de farine
20 g de poudre de cacao

Au batteur, travaillez le beurre en pommade. Ajoutez le sucre glace, les blancs d'œufs et enfin la farine et le cacao. Entreposez l'appareil 20 minutes au réfrigérateur. Préchauffez le four à 160 °C (th. 5) en chaleur tournante. Étalez l'appareil sur une feuille de silicone à travers un pochoir aux formes carrées de 7 cm de côté. Enfournez 8 minutes. À la sortie du four, roulez les carrés autour de petits tubes en inox en pinçant la jointure. Réservez la quarantaine de tuiles.

Biscuit chocolat moelleux

120 g d'œufs (environ 2 œufs et demi)
110 g + 60 g de sucre semoule
180 g de blancs d'œufs (environ 6 blancs)
40 g de farine T45
55 g de poudre d'amandes
45 g de poudre de cacao
130 g d'huile de tournesol

Préchauffez le four à 175 °C (th. 6). Fouettez les œufs entiers avec les 110 g de sucre au batteur jusqu'à obtenir un ruban. Par ailleurs, montez les blancs en neige au batteur et ajoutez les 60 g de sucre à la fin. Mélangez et tamisez ensemble la farine, la poudre d'amandes et le cacao. Ajoutez l'huile en 2 fois au mélange initial œufs-sucre. Ajoutez ensuite la moitié des blancs montés puis les ingrédients en poudre tamisée. Incorporez délicatement pour finir le reste des blancs montés. Étalez l'appareil sur une plaque de 40 x 60 cm recouverte d'une feuille de silicone ou de papier sulfurisé. Enfournez 8 minutes Laissez refroidir et réservez.

Crémeux piment d'Espelette

4,5 g de gélatine en feuille
150 g de lait
225 g de crème liquide entière
Piment d'Espelette en poudre
45 g de jaunes d'œufs (environ 2 jaunes)
30 g de sucre semoule

Réhydratez la gélatine en la trempant dans de l'eau froide. Faites bouillir le lait avec la crème et le piment. Pendant ce temps, fouettez les jaunes avec le sucre. Versez le liquide bien chaud sur ces derniers tout en fouettant. Remettez le tout à cuire à feu doux dans la casserole tout en remuant, jusqu'à épaississement, comme une crème anglaise. Ajoutez la gélatine essorée puis mixez. Faites refroidir sans figer avant de l'étaler en une couche de 1 cm d'épaisseur sur le biscuit au chocolat moelleux. Entreposez 25 minutes au congélateur.

Crémeux chocolat noir

155 g de lait
155 g de crème liquide entière
40 g de jaunes d'œufs (environ 2 jaunes)
30 g de sucre semoule
155 g de chocolat noir

Faites bouillir le lait avec la crème. Pendant ce temps, fouettez les jaunes avec le sucre. Versez le liquide bien chaud sur ces derniers tout en fouettant. Remettez le tout à cuire à feu doux dans la casserole en remuant, jusqu'à épaississement, comme une crème anglaise. Versez le tout sur le chocolat en morceaux, mixez et faites refroidir avant de mettre en poche munie d'une douille unie n° 10. Réservez au frais.

Amandes et grué caramélisés au piment

140 g d'amandes hachées
60 g de grué de cacao
30 g de sirop à 30° Brix (15 g d'eau + 15 g de sucre)
Piment d'Espelette

Préchauffez le four à 160 °C (th. 5). Mélangez tous les ingrédients ensemble et étalez sur une feuille de silicone. Enfournez 20 minutes environ jusqu'à ce que l'ensemble caramélise. Laissez refroidir et égrainez.

Montage

Détaillez le biscuit chocolat recouvert de crémeux piment d'Espelette en 40 rectangles de 2 x 7 cm. Dans chaque tuile en forme de tube, glissez un rectangle de biscuit recouvert de crémeux piment d'Espelette. Complétez le tube avec du crémeux chocolat noir. À chaque extrémité, recouvrez du mélange caramélisé.

L'astuce d'Ophélie Si vous souhaitez intensifier l'épice dans cette recette, étalez une fine couche de purée de piment d'Espelette sur le crémeux. Ne garnissez pas les tubes à l'avance, leur pâte risquerait d'être détrempée par la garniture !

Ossau Iraty

Le Pays basque est aussi connu pour son fromage de brebis à la fois doux tendre mais au caractère inimitable. Pour le second tapas, le produit imposé a fait l'objet d'un tirage au sort. Et justement, Ophélie est tombée sur le fromage Ossau Iraty, une pâte dure toutefois suffisamment moelleuse pour fondre dans la bouche.

Insolite Iraty

POUR 40 PIÈCES ◆ PRÉPARATION : 1 HEURE 30 ◆ CUISSON : 1 HEURE

Cela peut paraître étrange d'incorporer du fromage dans une recette sucrée, mais l'équilibre est là. Je suis partie sur le montage d'une brochette faite à partir d'une base de mousse à l'Ossau Iraty et d'une compotée de cerises noires, le tout coupé en cubes puis assemblé à la manière d'un club-sandwich. J'ai également conservé le fromage brut, sous forme de fins copeaux, afin d'en apprécier la texture très gourmande.

Biscuit moelleux amandes/citron

30 g d'œuf (environ 1/2 œuf)
30 g de jaune d'œuf (environ 1 jaune)
20 g de farine
60 g de sucre glace
60 g de poudre d'amandes
1 citron non traité
100 g de blancs d'œufs (environ 3 gros blancs)
25 g de sucre semoule

Préchauffez le four à 190 °C (th. 6-7). Au batteur, fouettez à vitesse rapide l'œuf, le jaune, la farine, le sucre glace et la poudre d'amandes. Râpez finement le zeste et ajoutez-le.
Montez les blancs en neige et ajoutez le sucre semoule à la fin. Mélangez délicatement les 2 appareils et étalez sur une demi-plaque à pâtisserie de 40 x 30 cm. Enfournez 4 minutes.

Citrons jaunes confits

5 citrons non traités
150 g de jus de citron (environ 5 citrons pressés)
150 g de sucre semoule

Prélevez des bandes de zeste en pelant les citrons à l'économe. Blanchissez-les en les plongeant dans une casserole d'eau froide et en portant à ébullition, égouttez-les. Réalisez cette opération 7 fois au total. Faites un sirop avec le jus et le sucre. Faites-y confire les zestes en les faisant cuire à petits frémissements 5 minutes. Laissez refroidir et hachez finement au couteau. Réservez.

Mousseux brebis

200 g de caillé de brebis
35 g de sucre semoule
50 g d'Ossau Iraty
7,5 g de gélatine en feuille
300 g de crème liquide entière bien froide

Réhydratez la gélatine en la trempant dans de l'eau froide. Faites chauffer le caillé de brebis avec le sucre. Incorporez l'Ossau Iraty en morceaux pour le faire fondre. Ajoutez ensuite la gélatine essorée.
Laissez refroidir le mélange sans le faire figer. Pendant ce temps, montez la crème au batteur. Incorporez-la à la préparation précédente refroidie. Réservez.

Décor et montage

Confiture de cerises noires
Ossau Iraty

Étalez le confit de citron sur le biscuit amandes/citron. Versez une couche de mousseux brebis par-dessus et entreposez 15 minutes au congélateur. Étalez ensuite une couche de confiture de cerises noires et remettez 15 minutes au congélateur. Détaillez des bandes de 3 cm de large et superposez-en 2 avant de retailler en carrés de 3 cm de côté. Sur une pique en bois, mettez un cube du montage avec quelques copeaux d'Ossau Iraty.

L'astuce d'Ophélie Choisissez de préférence un Ossau Iraty plutôt jeune. Moins fort en goût, il sera alors mieux adapté à cette application.

Tomate

Seconde épreuve éliminatoire pour Ophélie...
Les 2 candidats en lice ont dû faire preuve de créativité et d'adaptation dans cette étape déstabilisante. Les tomates sont à l'honneur ! Au travers des multiples variétés du fruit le plus consommé au monde, il a été question de formuler un dessert qui, visuellement et au goût, mette en valeur les possibilités de la tomate dans le monde sucré...

Tomate surprise

POUR 4 PERSONNES ◆ PRÉPARATION : 2 HEURES 30 ◆ CUISSON : 1 HEURE 15

Ayant déjà travaillé la tomate auparavant, j'avais une idée bien précise de ce que j'allais faire au moment de l'annonce de l'épreuve. Cependant, bien connaître les produits qui étaient au centre de certaines épreuves ne m'avait pas forcément aidée par le passé.
J'ai alors décidé à la dernière minute, de changer de cap par rapport à mon idée de départ, pour finalement me mettre en danger !
Je me suis fait peur en réalisant ce dessert à l'assiette autour de la tomate : croustillante avec les samossas, confite, crémeuse, glacée...
Mais le jury l'a beaucoup apprécié !

Biscuit moelleux amandes/citron

30 g d'œuf (environ 1/2 œuf)
30 g de jaune d'œuf (environ 1 jaune)
20 g de farine
60 g de sucre glace
60 g de poudre d'amandes
1 citron non traité
100 g de blancs d'œufs (environ 3 gros blancs)
25 g de sucre semoule

Préchauffez le four à 190 °C (th. 6-7). Au batteur, fouettez à vitesse rapide l'œuf, le jaune, la farine, le sucre glace et la poudre d'amandes. Râpez finement le zeste du citron et ajoutez-le.

Montez les blancs en neige et ajoutez le sucre semoule à la fin. Mélangez délicatement les 2 appareils et étalez sur une demi-plaque à pâtisserie de 40 x 30 cm. Enfournez 4 minutes. Réservez.

Huile d'olive vanille

4 gousses de vanille
100 g d'huile d'olive

Fendez les gousses de vanille en 2 et raclez les graines. Mettez le tout à chauffer avec l'huile d'olive à 85 °C. Laissez refroidir. Passez au chinois et versez dans une pipette. Réservez.

Tomates confites

4 tomates Green Zebra
4 tomates grappe
12 tomates cocktail
Huile d'olive
Cassonade

Pratiquez une légère incision en croix sur le dessous des tomates. Plongez-les quelques secondes dans de l'eau bouillante puis plongez-les dans de l'eau glacée avec des glaçons. Pelez-les en laissant le pédoncule des tomates cocktail. Préchauffez le four à 120 °C (th. 4). Coupez les grosses tomates en 4 et retirez le cœur avec les pépins pour obtenir des pétales. Videz les tomates cocktail en les laissant entières. Déposez les pétales de tomates et les tomates cocktail sur une plaque recouverte d'une feuille de silicone ou de papier sulfurisé. Arrosez-les légèrement d'huile d'olive et saupoudrez-les de cassonade. Enfournez 1 heure minimum, jusqu'à ce qu'elles soient bien confites. Réservez-les.

Sorbet tomate/basilic

100 g de lait
25 g de sucre semoule
30 g de glucose atomisé
50 g de blancs d'œufs (environ 2 blancs)
1 citron jaune non traité
500 g d'eau de tomates (obtenue en centrifugeant des tomates)
1 botte de basilic

Faites chauffer dans une casserole le lait avec la moitié du sucre jusqu'à 50 °C. Mélangez le reste de sucre avec le glucose atomisé et incorporez-les dans la casserole. Prélevez le zeste du citron à l'aide d'un économe. Ajoutez-le dans la casserole. Passez au chinois et laissez refroidir. Incorporez l'eau de tomates et le basilic, mixez, passez au chinois et versez dans un grand bac sur une fine épaisseur. Entreposez 45 minutes au congélateur.

Opaline basilic

200 g d'isomalt (édulcorant)
1 botte de basilic

À la casserole, faites cuire l'isomalt à 160 °C. Ajoutez le basilic et montez la cuisson à 170 °C. Versez sur une feuille de silicone et laissez refroidir. Mixez afin d'obtenir une poudre fine. Préchauffez le four à 180 °C (th. 6). À l'aide d'un pochoir, saupoudrez de la poudre d'opaline sur une plaque recouverte d'une feuille de silicone. Enfournez 2 à 3 minutes ou jusqu'à ce qu'elles soient bien translucides.

Crème légère vanille/tomate

3 g de gélatine en feuille
1 gousse de vanille
125 g de lait
125 g d'eau de tomates
40 g de jaunes d'œufs (environ 2 jaunes)
50 g de sucre semoule
5 g de farine
20 g de poudre à crème
8 g de beurre
200 g de crème liquide entière bien froide

Réhydratez la gélatine en la trempant dans de l'eau froide. Fendez et raclez la gousse de vanille, puis mettez-la dans une casserole avec le lait et l'eau de tomates. Portez à ébullition. Pendant ce temps, fouettez les jaunes avec le sucre jusqu'à ce qu'ils blanchissent. Ajoutez la farine et la poudre à crème. Versez peu à peu le liquide chaud tout en fouettant puis remettez le tout à cuire comme une crème pâtissière, en remuant jusqu'au premier bouillon. Incorporez la gélatine essorée puis le beurre. Débarrassez sur une plaque, filmez au contact et mettez au réfrigérateur. Montez la crème liquide froide au batteur. Détendez la crème pâtissière au fouet et incorporez délicatement la crème montée. Réservez dans une poche munie d'une douille n° 10 au réfrigérateur.

Samossas moelleux à la tomate

2 tomates
Tomates confites (voir étape précédente)
Biscuit moelleux amandes/citron
(voir étape précédente)
Pâte filo ou feuilles de brick
Huile d'olive vanille (voir étape précédente)

Pelez et épépinez les tomates puis détaillez-les en brunoise. Réservez 4 beaux pétales de tomates confites pour le décor final. Concassez finement le reste et mélangez-le avec la brunoise de tomates fraîches. Étalez sur le biscuit moelleux et détaillez 12 petits triangles équilatéraux. Détaillez des bandes de pâte filo (ou feuilles de brick) à la mesure de la base des triangles et huilez-les avant d'y enrouler les triangles pour former des samossas. Réservez.

Blanc vapeur à la tomate

100 g de blancs d'œufs (environ 3 gros blancs)
30 g de sucre semoule
Poudre de tomate lyophilisée

Préchauffez le four à 110 °C (th. 3-4). Montez les blancs en neige ferme puis ajoutez le sucre à la fin ainsi que la poudre de tomate. Étalez sur une plaque recouverte d'une feuille de silicone graissée. Enfournez 15 secondes.

L'astuce d'Ophélie

Vous pouvez réaliser vos tomates confites plusieurs jours à l'avance et les conserver au réfrigérateur dans de l'huile d'olive.

Décor et montage

Cassonade
4 pétales de tomates confites réservées
Tomates cocktail confites (voir étape précédente)

Poêlez les samossas avec l'huile d'olive vanillée et un peu de cassonade jusqu'à ce qu'ils soient bien dorés de chaque côté.
Déposez 3 points de crème vanille/tomate en quinconce dans chaque assiette. Déposez les samossas par-dessus.
À l'aide de l'embout d'une douille unie n° 14, réalisez 3 pastilles de tomates confites dans chaque pétale, soit 12 au total. Décorez chaque samossa d'une pastille de tomate confite.
Réservez 4 tomates cocktail entières et découpez les autres en 2. Mettez 3 demi-tomates cocktail confites dans chaque assiette et saupoudrez-les d'opaline basilic.
Détaillez le blanc vapeur à la tomate avec un tube japonais. Déposez un palet dans chaque assiette puis surmontez-le d'une tomate cocktail confite garnie de sorbet. Terminez l'assiette avec quelques gouttes d'huile d'olive à la vanille.

Fruit de la passion

Le niveau se corse ! Et c'est un honneur pour les candidats de réinterpréter un des concepts les plus marquants de Pierre Hermé en sa présence. Le grand pâtissier parisien leur a proposé de créer, à partir de son mariage Satine (fruit de la passion-orange-cream cheese), un petit four et un dessert boutique. Il aime associer des saveurs étonnantes et les décliner à souhait à travers de multiples applications (entremets, tartes, cakes, glaces...).

Île passion

(version bouchée)

POUR 6 PERSONNES ◆ PRÉPARATION : 1 HEURE 20 ◆ CUISSON : 45 MINUTES

Satine, créée par Pierre Hermé, a été décliné en de multiples versions. Formuler rapidement deux idées bien différentes sans reprendre ce qui a déjà été fait n'a donc pas été facile ! Dans cette première partie, j'ai tenté de mettre l'accent sur mon crémeux passion qui titille les papilles.

Pâte sucrée vanille/orange

75 g de beurre
45 g de sucre glace
15 g de poudre d'amandes
1 g de sel fin
1 œuf
125 g de farine
1/2 gousse de vanille
1/2 orange non traitée

Au batteur muni de la feuille, travaillez le beurre en pommade. Ajoutez le sucre glace, la poudre d'amandes, le sel, l'œuf et enfin la farine. Fendez et grattez la gousse de vanille pour récupérer les graines et ajoutez-les. Râpez finement le zeste d'orange et ajoutez-le également. Débarrassez la pâte dans un film et entreposez 20 minutes au réfrigérateur.
Préchauffez le four à 160 °C (th. 5).
Étalez finement la pâte et détaillez au moins 6 disques de pâte avec un emporte-pièce de 5 cm de diamètre. Déposez ces disques de pâte sur les encoches demi-sphériques de 3 cm d'une plaque en silicone retournée, sur une plaque à four. Enfournez 12 minutes environ. Retournez-les, laissez refroidir et réservez.

Crémeux cream cheese

4 g de gélatine en feuille
55 g d'eau
55 g de lait
30 g de jaunes d'œuf (environ 1 jaune)
25 g de sucre semoule
205 g de cream cheese

Réhydratez la gélatine en la trempant dans de l'eau froide. Faites chauffer dans une casserole l'eau et le lait. Fouettez les jaunes avec le sucre puis versez peu à peu le liquide chaud tout en fouettant. Remettez le tout à cuire à feu doux sans cesser de remuer, comme une crème anglaise, jusqu'à épaississement. Ajoutez la gélatine essorée, mélangez puis incorporez le cream cheese. Mixez et remplissez à mi-hauteur les encoches demi-sphériques de 2 cm de diamètre d'un moule en silicone. Faites-en au moins 6. Entreposez 20 minutes au congélateur.

Crémeux passion

2 g de gélatine en feuille
80 g de purée de fruits de la passion
100 g d'œufs (environ 2 œufs)
35 g de sucre semoule
70 g de beurre

Réhydratez la gélatine en la trempant dans de l'eau froide. Faites chauffer dans une casserole la purée de fruits. Fouettez les œufs avec le sucre et ajoutez-les dans la casserole. Faites cuire le tout à feu moyen tout en remuant jusqu'à la première ébullition. Hors du feu, ajoutez la gélatine essorée et le beurre en parcelles. Mixez et réservez au frais.

Blanc vapeur à l'orange

1 orange non traitée
60 g de blancs d'œufs (soit environ 2 blancs)
30 g de sucre semoule

Râpez finement le zeste d'orange. Montez les blancs au batteur. Ajoutez le sucre et les zestes à la fin puis mettez en poche. Remplissez au moins 6 moules en forme de dôme de 3 cm de diamètre en polycarbonate. Lissez et faites cuire les meringues 10 secondes à pleine puissance au micro-ondes. Réservez.

Marmelade d'oranges

2 oranges non traitées
50 g de sucre semoule

Coupez les oranges en 4 et supprimez la partie blanche centrale. Émincez les quartiers le plus finement possible et pesez 375 g. Mettez-les à cuire avec le sucre à couvert pendant environ 30 minutes jusqu'à ce que l'orange soit fondante et translucide. Débarrassez sur une plaque et hachez au couteau. Réservez au frais.

Décor et montage

Feuilles d'or

Démoulez les dômes de crémeux cream cheese et mettez-en un dans chaque fond incurvé de pâte sucrée vanille/orange. Pochez le crémeux de fruits de la passion par-dessus à ras bords. Entreposez 5 minutes au congélateur.
Déposez un dôme de blanc vapeur à l'orange sur chaque tartelette. Terminez avec une pointe de marmelade d'oranges sur le dessus et une feuille d'or.

L'astuce d'Ophélie Afin de démouler plus facilement les dômes de blanc vapeur, aidez-vous d'une mini-spatule coudée préalablement trempée dans de l'eau ou légèrement graissée avec une bombe de graisse végétale que l'on trouve en magasins spécialisés.

Orange

Satine (fruit de la passion-orange-cream cheese) de Pierre Hermé doit alors être décliné en un petit four et un dessert boutique. Souvenons-nous qu'avant de lancer cette trinité de saveurs, Pierre Hermé a rendu célèbre un autre accord mythique (framboise-rose-litchi) à travers la collection Ispahan.

Aurore

(version boutique)

POUR 6 PERSONNES ◆ PRÉPARATION : 1 HEURE 20 ◆ CUISSON : 45 MINUTES

Le temps de cette double épreuve étant très court pour décliner 2 préparations, il a fallu que je travaille mes recettes de manière croisée, afin de ne pas perdre de temps... Je pense notamment à ma marmelade d'oranges qui a fait ses preuves par le passé. Je me suis donc largement appuyée sur celle-ci pour répondre à ce challenge.

Pâte sucrée vanille/orange

150 g de beurre
90 g de sucre glace
30 g de poudre d'amandes
2 g de sel fin
2 œufs
250 g de farine
1 gousse de vanille
1 orange non traitée

Au batteur muni de la feuille, travaillez le beurre en pommade. Ajoutez le sucre glace, la poudre d'amandes, le sel, les œufs et enfin la farine. Fendez et raclez la gousse de vanille pour récupérer les graines et ajoutez-les. Râpez finement le zeste d'orange et ajoutez-le également. Débarrassez la pâte dans un film et entreposez 20 minutes au réfrigérateur.
Préchauffez le four à 160 °C (th. 5).
Étalez finement la pâte et détaillez un rectangle de pâte avec un cadre de 30 x 10 cm. Découpez en 8 parts égales. Déposez ces rectangles de pâte sur une feuille de silicone déposée sur une plaque à four. Piquez-les et enfournez 12 minutes environ. Laissez refroidir et réservez.

Biscuit moelleux aux amandes

30 g d'œuf (environ 1/2 œuf)
30 g de jaune d'œuf (environ 1 jaune)
20 g de farine
60 g de sucre glace
60 g de poudre d'amandes
100 g de blancs d'œufs (environ 3 gros blancs)
20 g de sucre semoule

Préchauffez le four à 190 °C (th. 6-7). Au batteur, fouettez l'œuf, le jaune, la farine, le sucre glace et la poudre d'amandes.
Montez les blancs en neige et ajoutez le sucre semoule à la fin. Mélangez délicatement les 2 appareils et étalez sur une demi-plaque à pâtisserie de 40 x 30 cm. Enfournez 4 minutes. Débarrassez sur une grille à la sortie du four. Réservez.

Marmelade d'oranges

2 oranges non traitées
50 g de sucre semoule

Coupez les oranges en 4 et supprimez la partie blanche centrale. Émincez les quartiers le plus finement possible et pesez 375 g. Mettez-les à cuire avec le sucre à couvert environ 30 minutes jusqu'à ce que l'orange soit fondante et translucide. Débarrassez sur une plaque et hachez au couteau. Réservez au frais.

Gelée orange/passion

60 g de purée de fruits de la passion
2 g de gélatine en feuille
125 g de jus d'orange pressée
(soit environ 2 oranges à jus)

Réhydratez la gélatine en la trempant dans de l'eau froide. Faites chauffer la purée de fruits de la passion dans une casserole. Ajoutez la gélatine essorée et mélangez. Versez sur le jus d'orange et réservez.

Crémeux cream cheese

8 g de gélatine en feuille
110 g d'eau
110 g de lait
65 g de jaunes d'œufs (environ 3 jaunes)
55 g de sucre semoule
410 g de cream cheese

Réhydratez la gélatine en la trempant dans de l'eau froide. Faites chauffer dans une casserole l'eau et le lait. Fouettez les jaunes avec le sucre puis versez peu à peu le liquide chaud tout en fouettant. Remettez le tout à cuire à feu doux sans cesser de remuer, comme une crème anglaise, jusqu'à épaississement. Ajoutez la gélatine essorée, mélangez puis incorporez le cream cheese. Mixez et réservez.

Mousse vanille/orange

7,5 g de gélatine en feuille
200 g de lait
35 g de sucre semoule
1 gousse de vanille
1 orange non traitée
300 g de crème liquide entière bien froide

Réhydratez la gélatine en la trempant dans de l'eau froide. Faites chauffer le lait avec le sucre, la gousse de vanille fendue et grattée et le zeste d'orange râpé. Laissez infuser 10 minutes puis passez au chinois. Incorporez la gélatine essorée. Laissez refroidir le mélange sans qu'il fige. Montez la crème et incorporez-la délicatement à la préparation.

Chantilly passion

200 g de crème liquide entière bien froide
50 g de purée de fruits de la passion

Montez la crème au batteur et incorporez la purée de fruits à la maryse. Mettez dans une poche munie d'une douille unie et réservez au réfrigérateur.

Appareil à pistolet blanc

300 g de chocolat blanc
200 g de beurre de cacao

Faites fondre le tout au bain-marie.

Décor et montage

Jus de fruit de la passion
20 suprêmes d'orange (dont 8 pour le décor)
Feuilles d'or
Marmelade d'oranges

Commencez par préparer l'insert : imbibez le biscuit de jus de fruit de la passion puis étalez de la marmelade d'oranges. Détaillez le biscuit garni avec un cadre de 30 x 10 cm. Laissez le cadre autour du biscuit et continuez le montage de l'insert. Disposez les suprêmes d'orange coupés en morceaux et recouvrez de la gelée orange/passion. Entreposez 20 minutes au congélateur. Une fois pris, versez le crémeux cream cheese. Entreposez encore 20 minutes au congélateur. Filmez un cadre de 30 x 10 cm. Garnissez d'une couche de mousse vanille/orange puis déposez l'insert (préalablement recoupé légèrement de 1 cm sur chaque bord) côté crémeux vers le fond. Complétez de mousse et lissez les bords avant d'entreposer 45 minutes au congélateur.
Décerclez le montage et pulvérisez l'entremets avec l'appareil à pistolet blanc. Découpez en 8 parts égales. Déposez chaque part sur un rectangle de pâte sucrée vanille/orange. Décorez les parts de chantilly passion, de marmelade d'oranges, de suprêmes et de feuilles d'or.

L'astuce d'Ophélie

Prenez soin de pulvériser l'entremets bien froid, afin d'obtenir un effet « velours ».

Noisettes

Après la visite de Pierre Hermé, c'est Philippe Conticini qui a lancé un défi aux candidats… Nombreux sont ceux qui revendiquent être à l'origine de la célèbre pâtisserie qui rend hommage à la course cycliste Paris-Brest, datant de 1891. Cette roue de bicyclette réalisée en pâte à choux, saupoudrée d'amandes effilées, est garnie d'une crème mousseline parfumée au praliné noisette. Il semblerait que la paternité légitime du gâteau revienne à Louis Durand dont l'enseigne à Maisons-Laffitte (sur la route entre Paris et Brest) en perpétue la recette originale depuis 1909.
Le temps d'un trajet Paris-Brest en TGV, les candidats ont dû adapter la pâtisserie du même nom avec les contraintes de la restauration ferroviaire. Le choix du contenant était à prendre en considération, tout comme les conditions de distribution. En effet, les créations des candidats ont été par la suite dégustées en situation par les voyageurs. Le gagnant de l'épreuve s'est vu attribuer une récompense honorable !

Tonnerre de Brest

POUR 25 PERSONNES ◆ PRÉPARATION : 2 HEURES 30 ◆ CUISSON : 1 HEURE

Pour cette épreuve, j'ai choisi un contenant en deux parties séparées. Dans la partie supérieure, je prévoyais de disjoindre les petites billes de pâte à choux et les noisettes caramélisées afin qu'elles conservent tout leur croquant jusqu'au moment de la dégustation.
En Bretagne, on privilégie toutes les préparations au beurre demi-sel, j'ai voulu en intégrer à ma recette pour faire un clin d'œil à cette région que j'aime tant.
Mais par inadvertance, au lieu de mettre 50 % de beurre doux et 50 % de beurre demi-sel, je n'ai mis que du demi-sel ! J'ai pu reprendre les choses en main avant la fin de l'épreuve et rééquilibrer le tout grâce aux autres éléments qui intervenaient dans le dessert. Au final, cette erreur s'est avérée intéressante pour le jury…

Praliné noisette

450 g de noisettes
300 g de sucre semoule
Fleur de sel

Mettez les noisettes sur une plaque à four et faites-les torréfier 15 minutes au four à 140 °C (th. 4-5). Réalisez un caramel à sec avec le sucre en le faisant chauffer jusqu'à ce qu'il se transforme en caramel ambré. Incorporez les noisettes et la fleur de sel puis débarrassez sur une feuille de silicone. Laissez refroidir avant de mixer pour obtenir une pâte bien lisse.

Craquelin pâte à choux

112 g de beurre
135 g de cassonade
135 g de farine

Au batteur muni de la feuille, travaillez le beurre en pommade. Ajoutez la cassonade et la farine. Étalez finement entre 2 feuilles de papier sulfurisé et entreposez 15 minutes au congélateur. Détaillez à l'aide d'emporte-pièce 200 pièces de 1 cm de diamètre et 25 pièces de 3 cm de diamètre. Réservez-les au frais.

Pâte à choux

190 g d'eau
190 g de lait
170 g de beurre
7,5 g de sel
5 g de sucre semoule
195 g de farine
335 g d'œufs (environ 6 gros œufs)

Faites bouillir l'eau avec le lait, le beurre, le sel et le sucre. À ébullition, versez la farine en 1 fois. Mélangez activement et desséchez la pâte sur le feu. Mettez-la dans le batteur et incorporez les œufs un par un. Préchauffez le four à 180 °C (th. 6). Mettez la pâte dans une poche munie d'une douille unie. Couchez 200 petits choux et 25 choux moyens sur 2 plaques différentes recouvertes d'une feuille de silicone ou de papier sulfurisé. Déposez les craquelins correspondants aux tailles des choux. Enfournez les petits 8 minutes et les moyens 20 minutes environ.

Crème anglaise pralinée

6 g de gélatine en feuille
525 g de lait
140 g de jaunes d'œufs (environ 7 jaunes)
Sucre
90 g de praliné noisette (voir étape précédente)
15 g de pâte de noisette

Réhydratez la gélatine en la trempant dans de l'eau froide. Faites chauffer le lait. Fouettez les jaunes avec le sucre puis versez le lait chaud tout en remuant. Remettez le tout dans la casserole et faites cuire à feu doux, sans cesser de remuer jusqu'à épaississement. Ajoutez la gélatine essorée, le praliné et la pâte de noisette. Laissez refroidir et versez 40 g dans le fond de chaque contenant. Entreposez au réfrigérateur.

Crème pâtissière

750 g de lait
120 g de jaunes d'œufs (environ 6 jaunes)
35 g de sucre semoule
60 g de poudre à crème
20 g de beurre

Faites chauffer le lait. Fouettez les jaunes avec le sucre puis ajoutez la poudre à crème. Versez le lait chaud sur le mélange tout en remuant. Remettez le tout dans la casserole et faites cuire à feu moyen pendant 3 minutes. Hors du feu, ajoutez le beurre en parcelles et étalez la crème sur une plaque. Filmez au contact et entreposez 15 minutes au congélateur.

L'astuce d'Ophélie Je vous conseille de faire vous-même votre praliné, même si cela prend un peu plus de temps. C'est la couleur de votre caramel qui déterminera l'intensité de votre praliné. Il sera donc unique ! Dans le cas où vous ne le réalisez pas, ne lésinez pas sur sa qualité car cela reste l'élément central du Paris-Brest.

Crème au beurre

100 g de lait
70 g de jaunes d'œufs (environ 3 jaunes)
100 g + 180 g de sucre semoule
90 g de blancs d'œufs (environ 3 blancs)
45 g d'eau
150 g de beurre doux + 150 g de beurre demi-sel

Commencez par faire une crème anglaise. Faites chauffer le lait. Fouettez les jaunes avec les 100 g de sucre puis versez le lait chaud tout en remuant. Remettez le tout dans la casserole et faites cuire à feu doux, sans cesser de remuer jusqu'à épaississement. Débarrassez sur une plaque, laissez refroidir et réservez.
Par ailleurs, réalisez une meringue italienne. Montez les blancs en neige au batteur et, en parallèle, faites cuire les 180 g de sucre avec l'eau à 120 °C. Incorporez le sirop en fin filet le long des parois de la cuve du batteur en action. Laissez refroidir et réservez.
Travaillez les beurres en pommade au batteur muni de la feuille puis incorporez délicatement la crème anglaise et la meringue.

Crème légère au praliné

800 g de crème pâtissière (voir étape précédente)
200 g de praliné noisette (voir étape précédente)
80 g de pâte de noisette
600 g de crème au beurre (voir étape précédente)

Fouettez la crème pâtissière pour la détendre. Ajoutez le praliné et la pâte de noisette. Incorporez enfin la crème au beurre. Réservez au frais en poche munie d'une douille n° 14.

Noisettes caramélisées

200 g de noisettes
50 g de sucre semoule
50 g d'eau

Mettez les noisettes sur une plaque à four et faites-les torréfier 10 minutes au four à 140 °C (th. 4-5). Préchauffez le four à 160 °C (th. 5). Réalisez un sirop avec le sucre et l'eau. Mélangez les noisettes concassées avec un peu de sirop dans un cul-de-poule, de manière à bien les enrober. Déposez le tout sur une plaque recouverte d'une feuille de silicone. Enfournez 10 à 15 minutes jusqu'à ce que le tout caramélise. Réservez.

Décor et montage

Sucre glace

Garnissez le fond des contenants de crème anglaise pralinée, déposez à la poche un peu de crème légère au praliné. Ajoutez un chou moyen coupé en deux. Remplissez-le de praliné pur et recouvrez de crème légère au praliné. Sur le dessus, disposez 8 petits choux, saupoudrez de sucre glace et déposez une petite poignée de noisettes caramélisées.

Romarin

Ophélie est enfin en finale ! Face à Adrien, elle a dû passer l'épreuve tant redoutée de la pièce artistique. Elle est ressortie épuisée et insatisfaite de sa prestation. À ce stade, tout le monde commence à connaître la pugnacité dont elle fait preuve. Une fois encore, elle a su rebondir et puiser dans ses ressources pour la grande épreuve finale du buffet, où sont conviés les pâtissiers ayant participé à ce concours, et plus encore... Épaulée par 2 anciens camarades, Guillaume et Lionel, Ophélie a fait preuve de créativité, de sang-froid et de maîtrise technique pour cette épreuve aux multiples productions...

Double jeu

POUR 15 PERSONNES ◆ PRÉPARATION : 1 HEURE 30 ◆ CUISSON : 30 MINUTES

Le thème donné des Arts décoratifs signifiait pour moi de jouer avec les formes géométriques. Concernant les sensations, je voulais que cela me ressemble à travers des goûts francs et frais. Mes tartelettes framboise à la crème d'amande fumée au romarin sont représentatives de cet aspect de ma pâtisserie. Lionel, qui m'a assistée sur cette confection, partage avec moi la même sensibilité pâtissière. Nous avons les mêmes sens des finitions et goût de la précision.

Pâte sucrée vanille

300 g de beurre (+ pour les cercles)
185 g de sucre glace
60 g de poudre d'amandes
2,5 g de sel fin
125 g d'œufs (environ 2 œufs et demi)
500 g de farine T55
1 gousse de vanille

Au batteur muni de la feuille, travaillez le beurre en pommade. Ajoutez le sucre glace, la poudre d'amandes, le sel, les œufs puis la farine et la vanille fendue et grattée. Étalez la pâte assez finement et entreposez 20 minutes au réfrigérateur.
Préchauffez le four à 160 °C (th. 5). Beurrez 15 cercles carrés de 7 cm de côté, détaillez des carrés de pâte et foncez les cercles. Piquez les fonds de pâte et déposez-les sur une plaque recouverte de papier sulfurisé ou une feuille de silicone. Enfournez à blanc 5 minutes.

Crème d'amande romarin

185 g de beurre
1 botte de romarin
185 g de sucre semoule
3 œufs
185 g de poudre d'amandes
30 framboises fraîches

Travaillez le beurre en pommade au batteur muni de la feuille puis stoppez l'appareil. Faites fumer le romarin selon l'intensité que l'on veut donner à la crème d'amande à l'aide d'un chalumeau. Faites infuser 15 minutes dans le beurre. Retirez le romarin du beurre et actionnez de nouveau l'appareil en ajoutant le sucre. Ajoutez ensuite les œufs et la poudre d'amandes. Garnissez les fonds de tarte précuits et refroidis avec la crème d'amande. Ajoutez 2 framboises fraîches coupées en 2 et enfournez de nouveau à 160 °C (th. 5) 20 minutes environ jusqu'à ce que la crème d'amande soit bien cuite.

Gelée de framboise

1 kg de framboises fraîches
100 g de sucre semoule
12 g de gélatine en feuille

Mélangez les framboises fraîches avec le sucre semoule dans un contenant allant au micro-ondes. Filmez et faites cuire à pleine puissance (750 W) 10 minutes en regardant de temps en temps (ou au bain-marie 30 à 40 minutes). Passez au chinois et récupérez le jus de cuisson limpide.
Pesez 600 g de jus de framboise. Réhydratez la gélatine en la trempant dans de l'eau froide. Faites chauffer environ 1/4 du jus de framboise pesé et incorporez-y la gélatine essorée. Ajoutez le reste de jus. Versez sur une plaque sur 0,5 cm d'épaisseur et entreposez 25 minutes au congélateur.

Crémeux romarin

135 g de jaunes d'œufs (environ 7 jaunes)
90 g de sucre semoule
7 g de gélatine en feuille
675 g de crème liquide entière
Romarin frais

Réhydratez la gélatine en la trempant dans de l'eau froide. Faites chauffer la crème avec le romarin et laissez infuser à couvert 10 minutes. Pendant ce temps, fouettez les jaunes avec le sucre. Passez la crème au chinois et versez-la sur le mélange jaunes-sucre tout en fouettant. Remettez le tout à cuire sur feu doux sans cesser de remuer, jusqu'à épaississement. Incorporez la gélatine essorée. Versez sur une plaque pour obtenir une épaisseur de 1,5 cm et entreposez 30 minutes au congélateur.

Flocage vert

100 g de beurre de cacao
150 g de chocolat blanc
Colorant vert liposoluble

Mettez le beurre de cacao et le chocolat en morceaux à fondre au bain-marie. Colorez en vert et mixez pour lisser l'appareil.

Décor et Montage

Framboises fraîches
Feuilles d'or

Détaillez des carrés de gelée de framboise à la mesure des fonds de tarte et garnissez-les. Détaillez des carrés de crémeux de 4 cm de côté et nappez-les de flocage vert. Déposez 2 carrés de crémeux en quinconce au-dessus de chaque gelée de framboise. Décorez chaque tartelette d'une demi-framboise et d'une feuille d'or.

L'astuce d'Ophélie

J'aime beaucoup l'alliance framboise/romarin, mais rien ne vous empêche de faire cette même recette avec du basilic et de la fraise. Attention au temps d'infusion du romarin, si vous le laissez trop longtemps dans le beurre, vous risquez d'obtenir une saveur résineuse.

Pain d'épices

En plus d'illustrer le thème des Arts décoratifs, les finalistes devaient aussi revisiter une spécialité régionale française de leur choix, au sein d'une de leur création. Ophélie a choisi le pain d'épices.

Gatsby

POUR 8 PERSONNES ◆ PRÉPARATION : 1 HEURE ◆ CUISSON : 40 MINUTES

Ce thème des Arts décoratifs, s'inscrivant dans les années 1920, m'a immédiatement donné envie de faire un clin d'œil au film éponyme. Si esthétiquement mon gâteau est très masculin, il fait également appel à mes souvenirs d'enfance. C'est à travers lui que j'ai choisi de revisiter le moelleux de la nonette, ce petit pain d'épices fourré à l'orange. Je sais par expérience que lorsqu'un pain d'épices est bon, il nous laisse en général des souvenirs mémorables…

Pâte à cigarettes blanche

50 g de beurre
50 g de sucre glace
50 g de blancs d'œufs (environ 2 blancs)
50 g de farine
Oxyde de titane

Au batteur muni de la feuille, travaillez le beurre en pommade. Ajoutez le sucre glace, les blancs puis la farine et colorez avec l'oxyde de titane. Étalez l'appareil sur une feuille de papier siliconé, disposée sur une plaque, à l'aide du peigne pour obtenir des rayures. Entreposez 10 minutes au congélateur.

Marmelade d'oranges

500 g d'oranges non traitées
150 g de sucre
2 gousses de vanille

Coupez les oranges en 4 et supprimez la partie blanche centrale. Émincez les quartiers le plus finement possible. Mettez-les à cuire avec le sucre et les gousses de vanille fendues et grattées, à couvert environ 20 minutes jusqu'à ce que l'orange soit fondante et translucide. Débarrassez sur une plaque et mixez tout en gardant un peu de mâche. Réservez.

Pain d'épices

1 citron vert non traité
2 oranges non traitées
450 g de farine
30 g de bicarbonate de sodium
3 g de sel fin
12 g d'anis vert en poudre
6 g de poivre noir moulu
6 g de quatre-épices
450 g d'eau
450 g de miel d'acacia
210 g de sucre semoule
290 g de beurre
75 g d'amandes hachées

Râpez finement les zestes de citron vert et d'orange. Mélangez-les avec la farine, le bicarbonate, le sel et toutes les épices. Faites chauffer l'eau avec le miel et le sucre. Versez ce sirop sur le mélange sec précédent. Faites fondre le beurre et incorporez-le. Mélangez et réservez 20 minutes au réfrigérateur.
Préchauffez le four à 170 °C (th. 5-6).
Déposez un cadre de 30 x 25 cm de côté sur la feuille de silicone recouverte du décor de pâte à cigarettes blanche. Versez la pâte à pain d'épices dans le cadre et parsemez d'amandes hachées. Enfournez 30 à 40 minutes. Laissez refroidir.

Montage

Lorsque le pain d'épices est refroidi, détaillez-le dans son épaisseur en 2 parties égales. Étalez une couche de marmelade sur la première moitié et superposez l'autre moitié avec le décor de pâte à cigarettes blanche sur le dessus.

L'astuce d'Ophélie Je vous conseille de réaliser l'appareil à pain d'épices la veille, de manière à ce que son goût se développe et que la pâte, ainsi reposée, ne coule pas autour du cadre pendant la cuisson.

Cacahuètes

Le buffet final doit comporter un entremets principal mais aussi une multitude de productions aux formats divers (petits gâteaux, mignardises ou bouchées). Le challenge étant de ne pas vouloir en faire trop et de gérer au mieux le temps donné de cette ultime épreuve.

Pirouette

POUR 20 PERSONNES ◆ PRÉPARATION : 1 HEURE ◆ CUISSON : 20 MINUTES

Si effectivement pour moi la pâtisserie doit être légère et fraîche, elle est aussi là pour contenter les becs les plus sucrés en apportant des saveurs réconfortantes. Avec le format mignardises, il est plus facile de miser sur des saveurs ultra-gourmandes comme ici avec l'accord chocolat/cacahuètes.

Sablé cacao

250 g de beurre
4 g de sel fin
200 g de sucre semoule
100 g de jaunes d'œufs (environ 3 gros jaunes)
450 g de farine
40 g de cacao en poudre
8 g de levure chimique

Au batteur muni de la feuille, travaillez le beurre en pommade. Ajoutez le sel, le sucre et les jaunes puis la farine, le cacao et la levure. Étalez la pâte assez finement et entreposez 20 minutes au réfrigérateur. Préchauffez le four à 160 °C (th. 5). Découpez au moins 20 pièces avec un emporte-pièce carré de 4,5 x 4,5 cm. Piquez les fonds de pâte et déposez-les sur une plaque recouverte d'une feuille de silicone ou de papier sulfurisé. Enfournez à blanc 15 minutes. Laissez refroidir à température ambiante.

Feuilles de chocolat noir

Chocolat noir

Mettez le chocolat au point (en réalisant la courbe de cristallisation : faites fondre le chocolat à 45 °C, puis faites-le refroidir à 29 °C. Enfin faites-le remonter à 31-32 °C. Ainsi, il aura une texture brillante et craquante après avoir refroidi totalement). Étalez-le finement sur une feuille de papier guitare neutre. Détaillez-les avec l'emporte-pièce carré utilisé pour la pâte sablée. Il faut obtenir au total une quarantaine de carrés de chocolat « prismes » et une vingtaine d'ovales unis.

Crémeux chocolat noir

250 g de lait
250 g de crème liquide entière
80 g de jaunes d'œufs (environ 4 jaunes)
60 g de sucre semoule
130 g de chocolat noir Guanaja
130 g de chocolat noir Caraïbes

Faites bouillir le lait et la crème. Fouettez les jaunes avec le sucre. Versez peu à peu le liquide bouillant tout en fouettant et remettez le tout à cuire sur feu doux sans cesser de remuer, jusqu'à épaississement. Versez la crème anglaise sur les chocolats hachés et mixez. Mettez le crémeux dans une boîte en couche assez fine pour qu'il prenne plus vite, filmez au contact et réservez 30 minutes au réfrigérateur. Garnissez une poche à douille unie.

Praliné cacahuète

300 g de cacahuètes salées
200 g de sucre semoule

Mettez les cacahuètes sur une plaque et faites-les torréfier 15 minutes au four préchauffé à 150 °C (th. 5). Réalisez un caramel à sec en chauffant le sucre dans une casserole. Lorsque le caramel est ambré, ajoutez les cacahuètes. Mélangez et débarrassez le tout sur une feuille de silicone. Laissez refroidir. Réservez une vingtaine de cacahuètes caramélisées pour le décor. Mixez le reste jusqu'à l'obtention d'une pâte de praliné lisse. Réservez.

Feuillantine cacahuète

330 g de beurre de cacahuète
150 g de praliné cacahuète (voir étape précédente)
125 g de chocolat au lait Jivara
30 g de chocolat noir Caraïbes
75 g d'amandes hachées
60 g de feuillantine

Faites fondre les chocolats au bain-marie. Travaillez tous les ingrédients au batteur muni de la feuille. Étalez entre 2 feuilles de papier guitare et entreposez 10 minutes au congélateur.

Chantilly cacahuète

250 g de crème liquide entière bien froide
65 g de praliné cacahuète (voir étape précédente)

Au batteur, montez la crème en chantilly puis incorporez le praliné à la maryse. Mettez dans une poche munie d'une mini-douille à Saint-honoré et réservez au frais.

Décor et montage

Feuilles d'or
20 cacahuètes caramélisées réservées

Une fois refroidie, détaillez la feuillantine cacahuète avec l'emporte-pièce carré des sablés. Sur chacun, déposez un carré de feuillantine puis une feuille de chocolat. Pochez sur tout le carré le crémeux chocolat noir. Posez une seconde feuille de chocolat par-dessus. Pochez la chantilly cacahuète sur le côté de la pièce cocktail, décorez d'une cacahuète caramélisée et d'une feuille d'or.

L'astuce d'Ophélie Pour ce type de recette, vous pouvez aussi utiliser des transferts de tous types (boutiques spécialisées) que vous désirez pour décorer votre chocolat. À défaut, vous pouvez « brosser » le chocolat, mais aussi changer la forme de vos emporte-pièce au gré de vos envies !

Fraise

Le buffet final est aussi une affaire de choix stratégiques. Il est dégusté *in fine* par les plus grands chefs de la sphère pâtissière. Il est alors important de proposer des créations étonnantes mais aussi parfois plus classiques afin de séduire le plus grand nombre.

Opéra printanier

POUR 20 PERSONNES ◆ PRÉPARATION : 2 HEURES ◆ CUISSON : 30 MINUTES

L'opéra est une de mes spécialités car c'est le gâteau préféré de ma sœur (voir ma recette personnelle *p. 128**). Ici, c'est la fraise qui a été mise à l'honneur, le premier fruit rouge de l'année qui apparaît au printemps et est apprécié tant par les petits que les grands !*

Biscuit joconde

250 g d'œufs (environ 5 œufs)
190 g de sucre glace
60 g de poudre d'amandes
50 g de farine
160 g de blancs d'œufs (environ 5 blancs)
25 g de sucre semoule
50 g de beurre

Préchauffez le four à 200 °C (th. 6-7). Au batteur, fouettez les œufs entiers avec le sucre glace, la poudre d'amandes et la farine. Par ailleurs, montez les blancs en neige et ajoutez le sucre semoule à la fin. Faites fondre le beurre et ajoutez-le au mélange initial. Incorporez finalement les blancs montés. Étalez le biscuit sur une plaque de 40 x 60 cm recouverte d'une feuille de silicone ou de papier sulfurisé. Enfournez 5 minutes. Réservez.

Confit de fraise

1 kg de fraises
200 g de sucre semoule
150 g de sirop de glucose
15 g de pectine NH

Lavez et équeutez les fraises. Coupez-les en 4. Mettez-les avec la moitié du sucre et le sirop de glucose dans une casserole puis faites cuire à feu moyen. Mélangez le reste de sucre avec la pectine et ajoutez-les lorsque la préparation est à 50 °C. Mélangez bien, faites bouillir, mixez et passez le tout au chinois. Laissez refroidir.

Jus de fraise

1 kg de fraises
100 g de sucre semoule

Lavez et équeutez les fraises. Coupez-les en 2. Mettez les fraises et le sucre à cuire au bain-marie 40 minutes. Récupérez le jus en passant la préparation au chinois sans fouler afin de récupérer un jus limpide. Réservez.

Crème vanille

6,5 g de gélatine en feuille
375 g de lait
100 g de sucre
75 g de jaunes d'œufs (environ 3 gros jaunes)
35 g de poudre à crème
500 g de crème liquide entière bien froide
Fleur d'oranger

Réhydratez la gélatine en la trempant dans de l'eau froide. Faites chauffer le lait. Fouettez les jaunes avec le sucre puis ajoutez la poudre à crème. Versez le lait chaud sur le mélange tout en remuant. Remettez le tout dans la casserole et faites cuire à feu moyen 3 minutes. Ajoutez la gélatine essorée, mélangez et étalez la crème sur une plaque. Filmez au contact et entreposez 15 minutes au congélateur.
Une fois refroidie, montez la crème au batteur. Détendez la crème pâtissière et incorporez délicatement la crème montée, parfumez à l'eau de fleur d'oranger.

Gelée de fraise

600 g de jus de fraise (voir étape précédente)
12 g de gélatine

Réhydratez la gélatine en la trempant dans de l'eau froide. Faites chauffer 1/4 du jus de fraise et incorporez-y la gélatine essorée. Mélangez avec le reste de jus. Réservez.

Décor et montage

Chocolat blanc

Dans un cadre carré de 20 cm de côté et de 4,5 cm de hauteur, déposez une couche de biscuit. Imbibez-le à l'aide d'un pinceau avec du jus de fraise. Étalez une fine couche de confit de fraise. Garnissez ensuite d'une couche de crème vanille. Recommencez l'opération 2 fois en terminant bien par la couche de crème à 1 cm du bord. Entreposez le montage 20 minutes au congélateur.
Versez la gelée de fraise et remettez 20 minutes au congélateur.
Mettez au point le chocolat (en réalisant la courbe de cristallisation : faites fondre le chocolat à 40 °C, puis faites-le refroidir à 26 °C. Faites-le remonter à 28 °C. Ainsi, il aura une texture brillante et craquante après avoir refroidi totalement) et étalez-le sur des feuilles de papier guitare. Détaillez des carrés avec un emporte-pièce de 4 cm de côté et retaillez-les avec un autre de 2 cm de côté.
Découpez l'opéra printanier en carrés de 3,5 cm de côté pour obtenir des cubes réguliers. Décorez-les avec des carrés ajourés de chocolat blanc.

L'astuce d'Ophélie Il est important de passer le cadre au congélateur à chaque étape du montage, ainsi les couches ne se mélangeront pas et vous obtiendrez un opéra bien net à la découpe.

Noix de coco

L'entremets est la pièce maîtresse de ce buffet. Si les candidats ont carte blanche, il est impératif de ne pas lésiner sur la construction des textures et l'équilibre des saveurs, mais aussi sur la décoration en réponse au thème donné des Arts décoratifs.

Promesse tenue

POUR 2 ENTREMETS DE 8 PERSONNES CHACUN
PRÉPARATION : 1 HEURE 30 ◆ CUISSON : 30 MINUTES

Le choix des candidats qui allaient nous rejoindre pour faire office de commis a été évident pour ma part : Guillaume Sanchez a été la première personne avec qui j'ai lié une vraie complicité, il fallait qu'il soit à mes côtés ce jour-là, outre le fait qu'il a une véritable rapidité d'exécution. Ce pâtissier de métier, qui a pour principe de ne jamais rien goûter, a pourtant fait exception à sa règle en goûtant cet entremets coco une fois réalisé.

Sablé coco

110 g de beurre
110 g de sucre
1 œuf
110 g de farine
6 g de levure chimique
110 g de noix de coco râpée
3 g de sel fin

Préchauffez le four à 160 °C (th. 5). Au batteur muni de la feuille, travaillez le beurre en pommade. Ajoutez le sucre, l'œuf et enfin la farine, la levure, la noix de coco et le sel. Étalez la pâte sur 3 mm d'épaisseur sur une feuille de silicone ou de papier sulfurisé. Transférez sur une plaque et enfournez 8 minutes environ, jusqu'à ce que le sablé soit cuit et de couleur blonde.

Croustillant coco

400 g de sablé coco (voir étape précédente)
100 g de beurre
75 g de beurre de cacao
100 g de corn-flakes
1 citron vert non traité

Mixez le sablé coco et mélangez-le au batteur muni de la feuille avec les corn-flakes. Faites fondre les beurres et ajoutez-les. Râpez le zeste du citron et incorporez-le. Étalez le croustillant entre 2 feuilles de papier guitare. Entreposez 15 minutes au congélateur puis détaillez 2 cercles de 16 cm de diamètre. Réservez au congélateur.

Dacquoise coco

225 g de blancs d'œufs (environ 15 blancs)
80 g de poudre d'amandes
80 g de noix de coco râpée
50 g + 125 g de sucre semoule
6 g de fécule
3 g de levure chimique
30 g de farine

Préchauffez le four à 185 °C (th. 6). Au batteur, montez les blancs en neige et ajoutez les 50 g de sucre à la fin. Par ailleurs, mélangez les 125 g de sucre restants avec tous les autres ingrédients puis incorporez progressivement aux blancs montés. Étalez l'appareil sur une plaque de 40 x 60 cm. Enfournez 14 minutes Réservez.

Mousse coco

385 g de purée de noix de coco
70 g de blancs d'œufs (environ 2 gros blancs)
50 g de sucre semoule
20 g d'eau
6 g de gélatine en feuille
250 g de crème liquide entière bien froide

Réhydratez la gélatine en la trempant dans de l'eau froide. Faites chauffer 1/4 de la purée de noix de coco et incorporez la gélatine essorée. Mélangez avec le reste de purée de noix de coco. Par ailleurs, montez les blancs au batteur et, en parallèle, faites cuire le sucre et l'eau à 118 °C. Versez-le en fin filet le long de la paroi de la cuve sur les blancs montés, le batteur à vitesse moyenne. Laissez le batteur en action jusqu'à refroidissement de la meringue italienne.
Incorporez délicatement la meringue italienne à la préparation initiale. En même temps, montez la crème au batteur puis incorporez celle-ci à la fin. Réservez au frais.

Gelée mangue/passion

180 g de purée de mangues
90 g de purée de fruits de la passion
3 g de gélatine en feuille
1 citron vert non traité
1 mangue

Réhydratez la gélatine en la trempant dans de l'eau froide. Épluchez la mangue et coupez-les en brunoise. Faites chauffer la purée de fruits de la passion et incorporez la gélatine essorée. Ajoutez la purée de mangues ainsi que la brunoise de mangue. Râpez le zeste du citron et incorporez-le. Mélangez bien. Réservez.

Décor et montage

Coco râpée
Mangue fraîche
Copeaux de noix de coco fraîche

Commencez par réaliser les 2 inserts mangue/passion. Découpez la dacquoise avec 2 cercles de 16 cm de côté. Répartissez la gelée sur chaque fond de dacquoise. Entreposez 25 minutes au congélateur.
Garnissez 2 cercles à entremets de 20 cm de diamètre de mousse coco. Déposez un insert mangue/passion au centre, complétez de mousse et lissez. Refermez avec le croustillant coco. Entreposez les entremets 1 heure au congélateur.
Démoulez les entremets, retournez-les et recouvrez-les de noix de coco râpée. Décorez avec des palets de mangue fraîche et des copeaux de noix de coco.

L'astuce d'Ophélie

À partir de cette recette rafraîchissante, vous pouvez transposer les parfums pour travailler les fruits de votre choix.

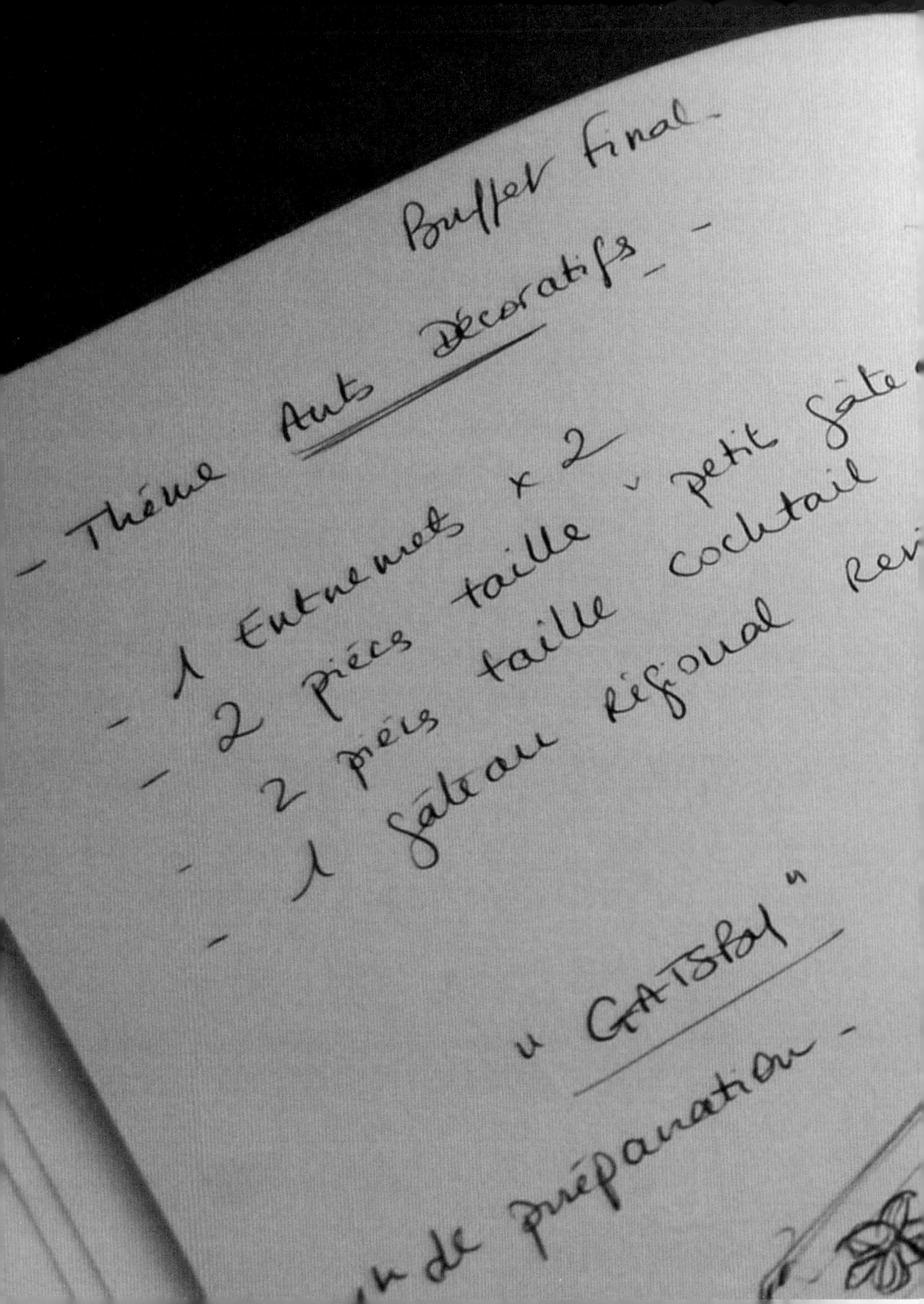
Buffet final -
- Thème Arts Décoratifs -
- 1 Entremets x 2
- 2 pièces taille "petit gâte
- 2 pièces taille cocktail
- 1 gâteau régional Rev
" GATSBY "
n de préparation -

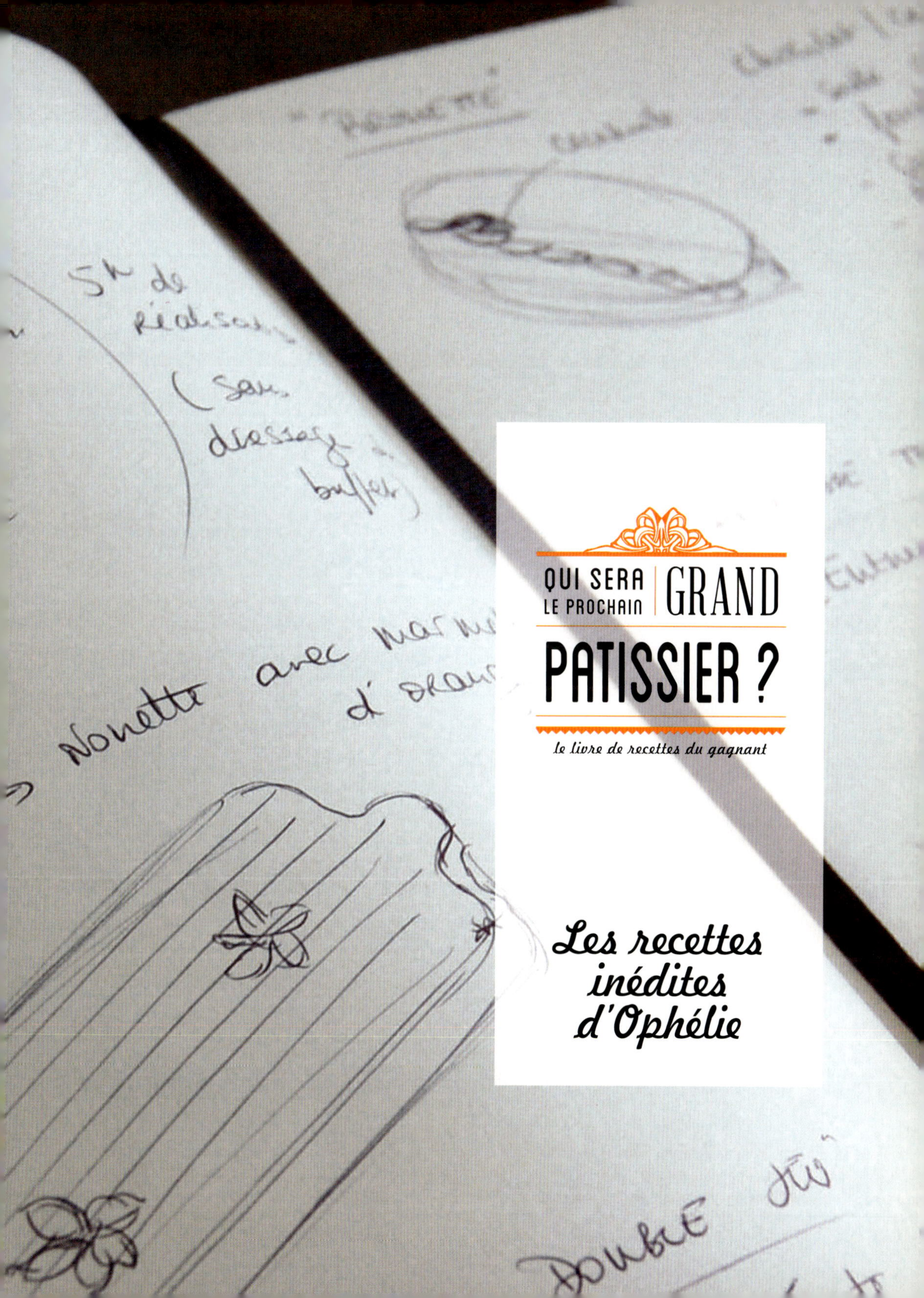

QUI SERA LE PROCHAIN GRAND

PATISSIER ?

le livre de recettes du gagnant

Les recettes inédites d'Ophélie

Caresse insolite

POUR 6 PERSONNES ◆ PRÉPARATION : 1 HEURE 30 ◆ CUISSON : 2 HEURES

L'origine de ce dessert ? Le désir de mélanger le parfum et la douceur du riz basmati avec le pep's rafraîchissant d'un agrume. Ma première fois ? avec du yuzu !
Et puis, parce que j'ai un souvenir d'enfance avec la bergamote de Nancy que me faisait goûter mon grand-père maternel, alors je l'ai testé avec cet agrume. Pari gagné ! La bergamote ayant une saisonnalité très courte en hiver, je l'ai associée à la douceur de la mangue, aussi délicatement parfumée. C'est aujourd'hui, je pense, mon dessert phare, celui de mon parfum d'enfance remis au goût du jour.

Eau de riz

250 g d'eau
250 g de lait
30 g de sucre semoule
60 g de riz basmati

Faites chauffer l'eau, le lait et le sucre. Mettez à cuire le riz 25 minutes. Passez au chinois et récupérez l'eau de cuisson.

Mousse de riz basmati

115 g de crème liquide entière bien froide
6 g de gélatine en feuille
300 g d'eau de riz (voir étape précédente)

Dans la cuve du batteur, faites monter la crème. Réhydratez la gélatine en la trempant dans de l'eau froide. Faites chauffer 1/4 de l'eau de riz et incorporez-y la gélatine essorée. Ajoutez le reste d'eau de riz. Une fois le mélange froid, mais encore liquide, incorporez la crème montée à la maryse. Versez la mousse sur une plaque recouverte de papier guitare de manière à obtenir une hauteur de 1,5 cm environ. Entreposez 30 minutes au réfrigérateur.

Pastilles de mangue fraîche

1 mangue

Pelez la mangue et coupez-la en tranches de 1 cm d'épaisseur. Détaillez ces tranches à l'aide d'emporte-pièce ronds et unis de tailles différentes. Détaillez également les parures en fine brunoise. Réservez.

Tuile de riz

100 g de riz basmati
Huile de cuisson (colza ou tournesol)
1 citron bergamote

Préchauffez le four à 90 °C (th. 3). Faites cuire le riz dans de l'eau bouillante jusqu'à obtenir un riz très cuit, voire pâteux. Passez au chinois et écrasez le riz. Étalez-le entre deux feuilles de silicone et faites-le sécher au four 1 heure à 1 heure 30.
Faites chauffer l'huile à 160 °C et plongez-y les éclats de tuile de riz séché pour les faire frire. Déposez-les sur du papier absorbant. Râpez un peu de zeste de bergamote par-dessus. Réservez.

Gel de bergamote

60 g de gel neutre (magasins spécialisés)
10 g de jus de citron bergamote
1/2 citron bergamote (non traité)

Prélevez le zeste de 1/4 du citron bergamote à l'aide d'un économe et hachez-le. Pressez le jus du demi-citron et mélangez le tout au gel neutre. Réservez.

Sorbet bergamote

100 g d'eau
70 g de sucre
7 g de glucose atomisé
2 g de stabilisateur
100 g de lait
50 g de jus de citron bergamote
50 g de jus de citron jaune
1/2 zeste de citron bergamote non traité râpé

Faites chauffer l'eau avec la moitié du sucre. Mélangez le reste de sucre avec le glucose atomisé et le stabilisateur puis ajoutez-les dans le sirop lorsque celui-ci atteint les 50 °C. Mélangez bien, donnez une ébullition et laissez refroidir. Ajoutez le lait, les jus de citron et citron bergamote ainsi que le zeste râpé. Mixez et turbinez. Réservez au congélateur.

Montage

Dans la mousse de riz, détaillez 6 palets de 3, de 5 et de 7 cm de diamètre. Disposez 3 palets (1 de chaque diamètre) et des pastilles de mangue dans chacune des 6 assiettes. Répartissez un peu de brunoise dans chaque assiette, de manière aléatoire. Recouvrez chaque palet de mousse de riz avec le gel de bergamote. Déposez les tuiles de riz par-dessus et terminez l'assiette en ajoutant 2 petites quenelles de sorbet bergamote.

L'astuce d'Ophélie Réalisez de préférence ce dessert à la bonne saison, soit en plein hiver, lorsque les citrons bergamotes sont disponibles et les mangues bien mûres et juteuses à souhait.

Souvenir d'automne

POUR 8 PERSONNES ◆ PRÉPARATION : 1 HEURE 30 (+ REPOS 3 HEURES) ◆ CUISSON : 20 MINUTES

J'ai réalisé cette tarte un jour d'octobre, avec des parfums très saisonniers. La douceur du trio vanille/pécan/caramel correspondait bien à mon souhait de créer un dessert aussi gourmand que léger et peu sucré. Le jeu de textures débute sur du crémeux pour finir sur le craquant de la pâte et des noix de pécan caramélisées. Cette recette est devenue un de mes classiques, elle est si appréciée que je dois parfois la réaliser hors saison.

Pâte sucrée noix de pécan

15 g de cerneaux de noix de pécan
60 g de beurre à température ambiante
35 g de sucre glace
15 g de poudre d'amandes
1 pincée de sel fin
1/2 œuf
100 g de farine

Concassez les noix de pécan au couteau. Réservez. Dans la cuve d'un robot muni de la feuille, travaillez le beurre en pommade. Ajoutez successivement le sucre glace, la poudre d'amandes, le sel, l'œuf et enfin la farine. Incorporez ensuite les noix de pécan hachées. Filmez la pâte et laissez-la reposer au moins 1 heure au réfrigérateur.
Préchauffez le four à 160 °C (th. 5).
Étalez la pâte au rouleau sur une épaisseur de 0,5 cm environ et détaillez-la avec un cercle à entremets de 22 cm de diamètre. Coupez ce disque en 8 parts égales. Disposez les triangles de pâte obtenus sur une feuille de silicone ou de papier sulfurisé et enfournez 8 minutes environ en retournant la plaque à mi-cuisson. Réservez.

Intérieur praliné pécan

40 g de sucre
60 g de cerneaux de noix de pécan
10 g de beurre
20 g de chocolat noir

Commencez par préparer le praliné pécan. Réalisez un caramel à sec, ajoutez les noix de pécan torréfiées, mélangez. Débarrassez sur une feuille de silicone ou de papier sulfurisé et laissez refroidir. Mixez au robot muni d'une lame jusqu'à l'obtention d'une pâte liquide. Faites fondre au bain-marie le beurre et le chocolat noir en morceaux. Ajoutez le praliné pécan.
Mélangez l'ensemble fondu et versez dans un cercle à tarte de 16 cm de diamètre filmé d'un côté, disposé sur une plaque. Réservez au réfrigérateur.

Crémeux vanille

1,5 g de gélatine en feuille
1/2 gousse de vanille
1 jaune d'œuf
12 g de sucre semoule
160 g de crème liquide entière

Réhydratez la gélatine dans de l'eau froide. Dans une casserole, portez à ébullition la crème avec la gousse de vanille fendue et grattée. Fouettez vigoureusement

Suite et photo de la recette page suivante

le jaune avec le sucre, puis versez la crème chaude par-dessus tout en fouettant. Remettez l'ensemble dans la casserole sur feu doux et faites cuire sans cesser de remuer jusqu'à épaississement de la crème. Passez l'appareil au chinois, incorporez la gélatine essorée et laissez refroidir dans un cul-de-poule rempli de glaçons pour stopper la cuisson, en remuant de temps en temps. Une fois refroidi, versez ce crémeux vanille dans le cercle contenant le praliné pécan. Réservez ce montage environ 30 minutes au congélateur de manière à ce qu'il soit bien figé.

Base caramel

40 g de crème liquide entière
90 g de sucre semoule

Faites chauffer la crème. Réalisez un caramel à sec dans une casserole sur feu moyen. Lorsqu'il est ambré et légèrement fumant, incorporez la crème chaude avec précaution en prenant garde aux éventuelles projections puis mélangez.

Mousse caramel

3 g de gélatine en feuille
90 g de base caramel
180 g de crème liquide entière bien froide

Réhydratez la gélatine dans de l'eau froide. Lorsque la base caramel est encore chaude, incorporez la gélatine essorée et mélangez.
En parallèle, montez la crème au batteur.
Lorsque la base gélatinée est encore liquide mais refroidie, incorporez délicatement la crème montée à la spatule.

Dans un cercle de 20 cm de diamètre filmé d'un côté et disposé sur une plaque filmée, versez la moitié de la mousse caramel. Déposez l'insert crémeux vanille/praliné pécan en appliquant la face pécan contre la mousse caramel. Recouvrez de mousse caramel, lissez à ras bord puis mettez au moins 3 heures au congélateur.

Glaçage caramel

2 g de gélatine en feuille
45 g d'eau
55 g de sucre
45 g de crème liquide entière
45 g de chocolat au lait

Réhydratez la gélatine en la trempant dans de l'eau froide. Réalisez un caramel à sec avec le sucre dans une casserole sur feu moyen. En parallèle, faites tiédir l'eau avec la crème puis déglacez le caramel avec précaution en prenant garde aux éventuelles projections. Incorporez la gélatine essorée, passez au chinois. À 40 °C, ajoutez le chocolat en morceaux. Mixez au mixeur plongeant.

Montage

Déposez l'entremets congelé sur une grille au-dessus d'une plaque creuse puis glacez-le en versant le glaçage caramel. Enlevez l'excédent de glaçage à l'aide d'une spatule coudée et déposez-le délicatement sur une planche.
Découpez ensuite l'entremets glacé en 8 parts égales et déposez chaque part sur un triangle de pâte sucrée. Décorez si vous le souhaitez avec du chocolat au lait et quelques noix de pécan caramélisées.

L'astuce d'Ophélie Prenez garde à ne pas intégrer la mousse caramel trop longtemps après l'avoir faite, au risque de la voir figer trop rapidement et de ne pas obtenir un montage bien net.

Choc'curry

POUR 8 PERSONNES ◆ PRÉPARATION : 1 HEURE ◆ CUISSON : 20 MINUTES

On marie souvent le chocolat avec une épice, comme le piment d'Espelette... Mais les mélanges d'épices comme le curry sont moins courants en pâtisserie. Pourtant cette association, tant en crémeux qu'en sablé, surprend, étonne... mais plaît toujours au final !

Crémeux curry

3 g de gélatine en feuille
100 g de lait
150 g de crème liquide entière
2 g de curry en poudre
30 g de jaunes d'œufs (environ 1 jaune et demi)
20 g de sucre semoule

Incorporez la gélatine réhydratée et essorée. Portez le lait à ébullition avec la crème et le curry. Fouettez les jaunes avec le sucre jusqu'à ce qu'ils blanchissent. Versez peu à peu le liquide bouillant sur les jaunes tout en fouettant puis remettez le tout dans la casserole et faites cuire à feu doux sans cesser de remuer comme une crème anglaise. Incorporez la gélatine essorée puis réservez dans une poche au réfrigérateur.

Sablé chocolat/curry

230 g de chocolat noir
270 g de farine
45 g de cacao poudre
7 g de bicarbonate de sodium
230 g de beurre
75 g de sucre semoule
180 g de cassonade
5 g de fleur de sel
3 g de curry en poudre

Préchauffez le four à 160 °C (th. 5). Hachez le chocolat en très petits morceaux au couteau. Mélangez la farine avec le cacao tamisé et le bicarbonate de sodium. Au robot muni de la feuille, travaillez le beurre en pommade puis incorporez les sucres et la fleur de sel. Ajoutez les ingrédients en poudre et enfin le chocolat haché. Mélangez grossièrement pour obtenir de petits agglomérats de pâte. Faites-les cuire sur une plaque à pâtisserie recouverte d'une feuille de silicone ou de papier sulfurisé et enfournez 8 à 10 minutes. Laissez refroidir complètement sur la plaque.

Siphon chocolat

380 g de lait
2 g de sel fin
180 g de chocolat au lait
105 g de chocolat noir

Portez à ébullition le lait avec le sel. Hachez les chocolats au couteau. Versez en plusieurs fois le liquide bouillant sur les chocolats en créant une émulsion. Émulsionnez le mélange au mixeur. Mettez dans un siphon de 1 l et chargez avec 1 cartouche de gaz. Secouez bien et entreposez au réfrigérateur.

Montage

Dans de petites assiettes creuses, déposez au fond quelques morceaux de sablé chocolat/curry pochez un peu de crémeux curry par-dessus. Recouvrez l'ensemble avec la préparation au chocolat sortie du siphon. Pour terminer, parsemez de brisures de sablé chocolat/curry.

L'astuce d'Ophélie Optez pour un curry de grande qualité (type Madras) pour mieux en apprécier l'association avec de bons chocolats.

Esprit Cornetto

POUR 20 PIÈCES ENVIRON ◆ PRÉPARATION : 1 HEURE ◆ CUISSON : 30 MINUTES

Je ne suis pas très « palais sucré », mais je raffole de bonnes glaces et de bons sorbets ! Je voulais qu'avec cette recette on puisse apprécier en 2-3 bouchées un jeu de textures et de saveurs très originales, mêlant le juteux de la clémentine à la fraîcheur de la coriandre.

Cornets de brick

50 g de beurre
10 feuilles de brick
30 g de sucre glace

Préchauffez le four à 165 °C (th. 5-6). Faites fondre le beurre. Badigeonnez-en, à l'aide d'un pinceau, chaque côté des feuilles de brick, puis parsemez-les de sucre glace avec un petit tamis. Coupez-les en 2, puis façonnez des cornets à l'aide de cônes métalliques. Déposez-les sur une plaque recouverte de papier sulfurisé, jointure en dessous, et enfournez 6 à 8 minutes jusqu'à ce qu'ils soient dorés. Réservez.

Confit de clémentine

125 g de clémentines
30 g de sucre

Coupez les clémentines en 4 pour retirer la partie centrale blanche en éliminant les pépins. Tranchez ces quartiers en fines lamelles et cuisez-les à feux doux avec le sucre, à couvert, 10 minutes. Quand les peaux sont cuites et translucides, retirez le couvercle, laissez dessécher toujours à feux doux 3 à 4 minutes puis laissez refroidir. Hachez au couteau puis réservez.

Sorbet clémentine/coriandre

1/2 botte de coriandre
300 g d'eau
75 g de sucre semoule
25 g de glucose atomisé
2 g de stabilisateur
20 g de jus de clémentine
5 g de jus de citron

Effeuillez la coriandre. Faites chauffer l'eau avec la moitié du sucre. Mélangez le reste de sucre avec le glucose atomisé et le stabilisateur puis ajoutez-les dans le sirop lorsque celui-ci atteint les 50 °C. Mélangez bien, donnez une ébullition et laissez refroidir. Ajoutez les jus et la coriandre. Mixez et turbinez. Réservez au congélateur.

Montage

Garnissez le fond des petits cornets de confit de clémentine puis ajoutez 3 petits morceaux de suprêmes de clémentine frais. À l'aide d'une poche à douille, terminez avec le sorbet clémentine/coriandre.

L'astuce d'Ophélie Épongez légèrement les suprêmes de clémentine à l'aide de papier absorbant afin qu'ils ne détrempent pas trop rapidement les cônes de feuille de brick.

Surprise fraise, citron/menthe

POUR 4 PERSONNES ◆ PRÉPARATION : 1 HEURE 30 ◆ CUISSON : 20 MINUTES

Je me suis inspirée d'un dessert à l'assiette que j'ai créé alors que je voulais garder la fraise au naturel tout en l'accompagnant d'une mousse très légère parfumée au citron. Pour relever le tout d'un peu de fraîcheur, un sorbet citron menthe vient ponctuer ce dessert.

Anneaux de brick

50 g de beurre
30 g de sucre glace
4 feuilles de brick
50 g de fraises lyophilisées en poudre

Préchauffez le four à 170 °C (th. 5-6). Faites fondre le beurre. Badigeonnez-en, à l'aide d'un pinceau, chaque côté de chaque feuille de brick, puis parsemez-les de sucre glace avec un petit tamis. Détaillez des bandes de 3,5 cm de large, puis enroulez-les chacune autour d'un cercle à entremets en inox de 7 cm de diamètre. Déposez les cercles sur une plaque à pâtisserie recouverte d'une feuille de silicone ou de papier sulfurisé, et de manière à ce qu'ils soient posés sur la jointure de la feuille de brick. Enfournez 6 à 8 minutes. Laissez refroidir et enrobez-les de poudre de fraises lyophilisées, réservez.

Mousseux citron jaune

3,5 g de gélatine en feuille
150 g de crème liquide entière bien froide
100 g de lait
18 g de sucre
1 citron non traité

Réhydratez la gélatine en la trempant dans de l'eau froide. Prélevez des bandes de zeste à l'aide d'un économe et hachez-les au couteau. Dans la cuve du batteur, faites monter la crème. En parallèle, faites chauffer le lait avec le sucre et incorporez la gélatine essorée. Laissez un peu refroidir l'appareil avant d'y incorporer les zestes puis la crème montée à l'aide d'une maryse. Étalez la mousse sur une plaque recouverte de papier sulfurisée, sur 2 cm d'épaisseur, et entreposez 30 minutes au congélateur.

Sorbet citron/menthe

5 g de feuilles de menthe
100 g d'eau
70 g de sucre
7 g de glucose atomisé
2 g de stabilisateur
100 g de lait
100 g de jus de citron

Effeuillez la menthe. Faites chauffer l'eau avec la moitié du sucre. Mélangez le reste de sucre avec le glucose atomisé et le stabilisateur puis ajoutez-les dans le sirop lorsque celui-ci atteint les 50 °C. Mélangez bien, donnez une ébullition et laissez refroidir. Ajoutez le lait, le jus de citron et la menthe. Mixez et turbinez. Réservez au congélateur.

Gelée de fraise

200 g de jus de fraise
3 g de gélatine en feuille

Réhydratez la gélatine en la trempant dans de l'eau froide. Faites chauffer 1/4 du jus de fraise dans une casserole puis incorporez la gélatine essorée. Ajoutez le reste de jus et versez dans une petite plaque de manière à obtenir 1 cm de hauteur. Réservez 30 minutes au réfrigérateur. Détaillez des pastilles de tailles différentes à l'aide d'emporte-pièce ronds et d'embouts de diverses douilles.

Décor et montage

250 g de fraises mara des bois

Découpez la moitié des fraises en 8 et réalisez des pastilles avec le reste.
Dans la mousse citron, détaillez 4 palets de 7 cm de diamètre. Disposez l'anneau de feuille de brick autour. Déposez les quartiers de fraise sur le mousseux citron jaune en cercle et réalisez une quenelle de sorbet citron/menthe par-dessus. Décorez l'assiette avec des pastilles de gelée de fraise et de fraises fraîches.

L'astuce d'Ophélie

Pour plus d'onctuosité à la dégustation,
vous pouvez servir ce dessert
avec un coulis de fraises fraîches,
réalisé simplement en mixant les fruits.
Ne sucrez que si nécessaire...

Envie de pep's

POUR 30 PIÈCES ◆ PRÉPARATION : 1 HEURE 30 ◆ CUISSON : 20 MINUTES

Cette recette incarne ma rencontre avec l'un de mes anciens chefs, François Perret (chef pâtissier de l'hôtel Shangri-La à Paris). Il a créé cette recette de « coussins soufflés » en pâte à crackers. À travers ma mignardise, qui réinterprète sa création, je souhaite le remercier pour ce qu'il est et ce qu'il m'a transmis. Ce très grand professionnel, à la fois spontané et humain, est une personne de confiance qui sait toujours se rendre disponible pour les autres.

Pâte à crackers

125 g de farine T45
15 g d'huile d'olive
15 g de levure de boulanger
50 g d'eau chaude
5 g de fleur de sel

Au robot muni du crochet, sablez la farine avec l'huile d'olive. Délayez peu à peu la levure dans l'eau chaude puis ajoutez-la dans le bol du robot avec la fleur de sel. Laissez pétrir en vitesse rapide 20 minutes. Laissez ensuite reposer la pâte soigneusement filmée 20 minutes à température ambiante.
Préchauffez le four à 180 °C (th. 6).
À l'aide d'un petit laminoir à pâtes italiennes, étalez la pâte sur la plus grande épaisseur après l'avoir légèrement aplatie à la main.
Repliez la bande obtenue sur elle-même. Retournez le petit pâton et repassez-le au laminoir plusieurs fois en repliant à chaque fois la bande obtenue sur elle-même et tout en diminuant au fur et à mesure l'épaisseur, jusqu'à obtenir une bande très fine de pâte d'environ 1 mm d'épaisseur.
Farinez un plan de travail et déposez-y la bande de pâte. Détaillez des carrés de 4 cm de côté et disposez-les sur une plaque antiadhésive recouverte de papier sulfurisé. Enfournez 3 minutes environ. Une fois refroidis, réservez les crackers dans une boîte hermétique.

Crémeux au yuzu

1 g de gélatine en feuille
65 g de jus de yuzu
2 œufs
75 g de sucre
80 g de beurre
120 g de crème liquide entière bien froide

Réhydratez la gélatine en la trempant dans de l'eau froide. Dans une casserole, faites chauffer le jus de yuzu. Fouettez les œufs avec le sucre puis ajoutez-les et faites cuire l'ensemble sans cesser de remuer jusqu'à la première ébullition. Débarrassez dans un cul-de-poule puis incorporez la gélatine essorée et le beurre coupé en morceaux. Mixez puis réservez au réfrigérateur. Une fois le crémeux refroidi, faites monter la crème au robot. À l'aide d'une maryse, incorporez la crème montée au crémeux puis réservez en poche.

Suite et photo de la recette page suivante

Gelée de yuzu

2 g de gélatine en feuille
125 g de jus de yuzu
50 g de sucre semoule

Réhydratez la gélatine en la trempant dans de l'eau froide. Faites chauffer le jus de yuzu avec le sucre. Incorporez la gélatine essorée. Versez dans une boîte et réservez au réfrigérateur. Mélangez la gelée pour la détendre et mettez-la dans un cornet réalisé à partir d'un rectangle de papier sulfurisé tourné sur lui-même en cône et coupé à son extrémité.

Poudre de yuzu acidulée

25 g de sucre glace
15 g d'acide ascorbique
20 g de zestes de yuzu séchés
30 g de sucre pétillant (ou « peta zeta », en boulangerie)
25 g de sucre semoule
5 g d'acide tartrique

Mélangez le sucre glace avec l'acide ascorbique pour obtenir une poudre effervescente. Mixez les zestes de yuzu séchés. Mélangez-les avec le sucre pétillant et tous les autres ingrédients.

Montage

Percez les coussins en crackers d'un petit trou afin de les garnir de crémeux yuzu. Retournez-les puis pochez, en diagonale, un trait de gelée de yuzu. Pour terminer, parsemez de poudre de yuzu acidulée.

L'astuce d'Ophélie Garnissez et finalisez les coussins à la dernière minute, juste avant de les servir, sinon ils risquent de prendre l'humidité et de perdre de leur craquant.

Ma version du kouglof

POUR 1 KOUGLOF ◆ PRÉPARATION : 30 MINUTES (+ REPOS 1 NUIT PUIS 2 HEURES 30) ◆ CUISSON : 45 MINUTES

La plupart des chefs qui m'ont formée sont d'origine alsacienne. Pour avoir réalisé plusieurs kouglofs et en avoir dégusté de nombreux autour d'un thé en hiver, j'ai voulu livrer ici ma propre recette.

Mélange de fruits confits

80 g de raisins de Corinthe
80 g de raisins golden
60 g d'écorces d'orange confites
40 g de gingembre confit
80 g de rhum ambré

Portez à ébullition une casserole d'eau. Plongez-y les 2 sortes de raisins 2 minutes et filmez. Les impuretés remontant à la surface, écumez, chinoisez et récupérez les raisins. Taillez les écorces d'orange et le gingembre confit en brunoise et mélangez-les avec les raisins. Versez le rhum et laissez macérer toute une nuit.

Pâte à kouglof

20 g de levure boulangère
25 g de lait
500 g de farine
10 g de sel
65 g de sucre semoule (+ pour le moule)
6 œufs
300 g de beurre à température ambiante (+ pour le moule)
230 g de mélange de fruits confits
15 amandes émondées torréfiées

Réalisez un levain en délayant la levure dans le lait. Dans la cuve du batteur muni du crochet, mettez le levain puis ajoutez la farine, le sel, le sucre et les œufs. Mélangez en première vitesse jusqu'à ce que les bords du pâton se décollent de la cuve. Incorporez le beurre en morceaux et laissez de nouveau la pâte se décoller des bords en deuxième vitesse. Incorporez les fruits confits égouttés. Recouvrez la cuve d'un linge propre et laissez pousser la pâte 1 heure à température ambiante. Rabattez la pâte en la frappant du poing pour évacuer le gaz carbonique. Beurrez le moule à kouglof et saupoudrez-le de sucre semoule, retirez l'excédent. Disposez les amandes dans chaque alvéole au fond du moule et disposez la pâte uniformément en couronne. Entreposez 40 à 45 minutes au réfrigérateur.

Pour la dorure et le décor

1 jaune d'œuf
20 g de lait
Sucre glace
Oranges et citrons confits

Mélangez le jaune d'œuf avec le lait et badigeonnez-en le kouglof puis laissez pousser de nouveau 45 minutes environ, jusqu'à ce que la pâte ait doublé de volume. Préchauffez le four à 180 °C (th. 6).
Enfournez 10 minutes au plus bas du four puis baissez à 165 °C (th. 5-6) en remontant le kouglof sur une grille au milieu du four. Laissez cuire à nouveau 20 minutes. Baissez encore à 155 °C (th. 5) et terminez la cuisson 15 minutes. Assurez-vous que le kouglof est cuit à cœur en y insérant une lame de couteau. Elle doit ressortir sèche. Patientez quelques minutes avant de démouler le kouglof.
Décorez de sucre glace, de morceaux d'oranges et de citrons confits.

L'astuce d'Ophélie Choisissez des raisins secs et des oranges confites de qualité. Pour un goût plus prononcé, utilisez de préférence de la levure boulangère fraîche.

L'opéra de Chloé

POUR UN CADRE OPÉRA DE 40 X 30 CM (SOIT POUR 25 PERSONNES)

PRÉPARATION : 1 HEURE 30 ◆ CUISSON : 30 MINUTES

C'est le dessert préféré de ma sœur ! J'ai réalisé cette recette avant tout chez moi, à la maison. Cet opéra a la particularité d'être composé d'une crème au beurre plus légère, à base de meringue italienne, et surtout d'une multitude de fines couches qui en font toute la subtilité.

Biscuit moelleux aux amandes

115 g de sucre glace
115 g de poudre d'amandes
75 g d'œufs (environ 1 œuf et demi)
75 g de jaunes d'œufs (environ 4 jaunes)
40 g de farine T45
200 g de blancs d'œufs (environ 7 blancs)
45 g de sucre semoule

Préchauffez le four à 200 °C (th. 6-7).
Recouvrez 3 plaques de 40 x 30 cm avec une feuille de silicone ou de papier sulfurisé.
Montez au batteur, en vitesse moyenne, les œufs avec les jaunes, le sucre glace, la farine et la poudre d'amandes. Débarrassez dans un grand cul-de-poule.
Montez ensuite les blancs en neige et ajoutez le sucre semoule à la fin.
Incorporez les blancs montés au premier appareil et étalez sur chaque plaque 200 g de cette pâte. Enfournez-les chacune 3 à 4 minutes afin d'obtenir un biscuit légèrement doré. Mettez-les à refroidir sur grille et réservez.

Meringue italienne

130 g de sucre
30 g d'eau
60 g de blancs d'œufs (environ 2 blancs)

Au batteur, montez les blancs en neige. En parallèle, faites cuire l'eau avec le sucre dans une casserole à 120 °C. À cette température, stoppez la cuisson et versez le sucre cuit en fin filet le long de la cuve dans les blancs qui sont quasiment totalement montés. Laissez encore tourner le batteur jusqu'à refroidissement de la meringue.

Crème au beurre

70 g de lait
70 g de sucre
55 g de jaunes d'œufs (environ 3 jaunes)
300 g de beurre
135 g de meringue italienne (voir étape précédente)
50 g d'extrait de café

Réalisez une crème anglaise en faisant chauffer le lait. Fouettez les jaunes avec le sucre jusqu'à ce qu'ils blanchissent puis versez peu à peu dans le lait bouillant tout en fouettant. Remettez le tout à cuire sans cesser de remuer jusqu'à épaississement (soit 85 °C). Débarrassez dans une large plaque et laissez refroidir. Au fouet, travaillez le beurre en pommade, incorporez la crème anglaise froide puis enfin la meringue italienne à la maryse. Aromatisez avec l'extrait de café. Réservez au frais.

Ganache chocolat

120 g de lait
50 g de crème
175 g de chocolat noir à 64 %
35 g de beurre

Portez à ébullition le lait avec la crème et versez-le en 3 fois sur le chocolat haché. Mixez en incorporant le beurre en petits morceaux. Réservez.

Imbibage des biscuits

200 g de café expresso

Glaçage « opéra »

190 g de pâte à glacer brune (artisans pâtissiers ou magasins spécialisés)
65 g de chocolat noir
30 g d'huile de tournesol

Faites fondre l'ensemble au bain-marie. Réservez.

Montage

Dans le cadre de 40 x 30 cm, déposez au fond un biscuit côté « croûte » contre la plaque et imbibez-le de café. Étalez 250 g de crème au beurre au café puis 200 g de ganache chocolat.
Déposez à nouveau un biscuit et imbibez-le de café. Étalez 125 g de crème au beurre puis 175 g de ganache chocolat.
Terminez le montage avec la dernière feuille de biscuit, imbibez-la de café et recouvrez-la de 250 g de crème au beurre. Entreposez le cadre monté 1 heure au congélateur.
Décadrez l'opéra, déposez-le sur une grille puis nappez-le de glaçage chauffé à 35 °C. Parez les bords.
Découpez l'entremets en parts avec la lame d'un couteau préalablement trempée dans de l'eau chaude, pour obtenir des tranches bien nettes.

L'astuce d'Ophélie

L'intensité du café choisi pour l'imbibage est déterminante pour la sensation en bouche. L'opéra sera par conséquent plus ou moins corsé.

Plaisirs chocolat caramel

POUR ENVIRON 40 PIÈCES ◆ PRÉPARATION : 45 MINUTES (+ REPOS 1 NUIT) ◆ CUISSON : 25 MINUTES

Cette mignardise, plutôt classique dans ses parfums, n'a pas de contrainte saisonnière. Le fondant du caramel se marie parfaitement à la douceur de la chantilly chocolat.

Chantilly chocolat au lait (à faire la veille)

65 g de crème liquide entière
15 g de sirop de glucose
95 g de chocolat au lait de couverture
110 g de crème liquide entière bien froide

Faites chauffer les 65 g de crème liquide avec le glucose et versez en deux fois sur le chocolat au lait en petits morceaux. Fouettez puis ajoutez ensuite progressivement les 110 g de crème tout en mélangeant délicatement. Mixez la ganache obtenue à l'aide d'un petit mixeur plongeant et réservez au frais toute une nuit.

Sablés chocolat

125 g de beurre
2 g de sel
100 g de sucre
225 g de farine T45
20 g de cacao en poudre
5 g de levure chimique

Au batteur muni de la feuille, travaillez le beurre en pommade. Ajoutez progressivement les ingrédients en poudre dans l'ordre indiqué. Filmez la pâte et entreposez-la au moins 2 heures au réfrigérateur.

Étalez la pâte sur 2 mm d'épaisseur environ et entreposez-la 15 minutes au congélateur. Préchauffez le four à 160 °C (th. 5).
Détaillez des sablés à l'aide d'un emporte-pièce rond de 4 cm de diamètre.
Disposez les sablés sur une feuille de silicone ou de papier sulfurisé posée sur une plaque, piquez-les avec une fourchette et enfournez 8 minutes environ ou jusqu'à ce qu'ils soient bien dorés. Laissez refroidir à la sortie du four. Réservez.

Appareil à moelleux

140 g d'œufs (environ 3 œufs)
85 g de sucre semoule
85 g de beurre
85 g de chocolat noir à 70 %
40 g de farine

Fouettez les œufs avec le sucre au batteur. Par ailleurs, faites fondre le beurre avec le chocolat en morceaux au bain-marie. Une fois le mélange œufs/sucre bien mousseux, incorporez le chocolat fondu, puis la farine en pluie. Laissez reposer l'appareil 30 minutes au réfrigérateur.
Préchauffez le four à 170 °C (th. 5-6).
Versez la pâte dans des mini-moules à savarins en silicone et enfournez 3 à 4 minutes. Laissez refroidir 10 minutes avant de les démouler.

Suite et photo de la recette page suivante

Caramel demi-sel

100 g de sucre semoule
180 g de crème liquide entière
70 g de sirop de glucose
1/2 gousse de vanille
20 g de chocolat au lait
40 g de beurre demi-sel

Réalisez un caramel ambré légèrement fumant à sec avec le sucre : faites chauffer une casserole et versez le sucre en pluie jusqu'à ce que le sucre fonde au fur et à mesure.
En parallèle, faites chauffer la crème avec le glucose et la gousse de vanille fendue et grattée. Décuire le caramel en versant prudemment la crème chaude par-dessus et portez le tout à 104 °C. Puis faites refroidir afin d'incorporer le chocolat en morceaux à 75 °C et enfin le beurre à 35 °C. Mixez et réservez au frais.

Décor et montage

Feuille d'or

Montez délicatement la ganache à l'aide d'un fouet pour ne pas la faire trancher et mettez-la dans une poche munie d'une petite douille à Saint-honoré.
Une fois les fondants refroidis, déposez-les sur les sablés chocolat. Garnissez le creux des fondants de caramel demi-sel puis dressez un serpentin de ganache montée en chantilly sur le côté. Décorez d'une feuille d'or.

L'astuce d'Ophélie Cette recette de mignardise est plutôt simple à réaliser. Attention toutefois à la cuisson du caramel. Si celle-ci n'est pas respectée, il n'aura pas la consistance désirée. Il doit être à la fois crémeux, fluide mais pas liquide.

Raspbejito

POUR 6 PERSONNES ◆ PRÉPARATION : 30 MINUTES ◆ CUISSON : 5 MINUTES

Nombreux sont les amateurs de mojito ! J'ai voulu réinterpréter ce célèbre cocktail, à travers une émulsion légère associée à la framboise. Une découverte tout en textures et sans modération

Gelée de framboise

3 g de gélatine en feuille
200 g de jus de framboise

Réhydratez la gélatine en la trempant dans de l'eau froide. Faites chauffer 1/4 du jus de framboise dans une casserole puis incorporez la gélatine essorée. Ajoutez le reste du jus, mélangez et entreposez 30 minutes au frais dans une boîte hermétique.

Émulsion mojito

5 g de gélatine en feuille
50 g d'eau
50 g de sucre
100 g de blancs d'œufs (environ 3 blancs)
70 g de rhum
10 g de feuilles de menthe
12 g de cassonade
35 g de jus de citron vert
70 g de jus de citron jaune

Réhydratez la gélatine en la trempant dans de l'eau froide. Réalisez un sirop en faisant chauffer l'eau avec le sucre. Mixez-le avec tous les autres ingrédients, sauf les blancs d'œufs. Prélevez 1/4 de la préparation et mettez à chauffer dans une casserole. Incorporez la gélatine essorée. Hors du feu, ajoutez le reste de la préparation ainsi que les blancs. Versez dans un siphon de 1 l de capacité et insérez 1 cartouche de gaz.

Framboises au rhum

125 g de framboises
40 g de rhum blanc

Mettez les framboises à macérer dans le rhum 20 minutes.

Décor et montage

Pépites de framboises déshydratées
1 citron vert non traité
40 g de riz soufflé (ou céréales Rice Crispies®)

Dans 6 verrines, mettez au fond de la gelée de framboise légèrement retravaillée à la fourchette, puis disposez quelques framboises au rhum. Ajoutez des grains de riz soufflés puis terminez avec l'émulsion mojito. Décorez avec quelques pépites de framboises déshydratées.

L'astuce d'Ophélie Cette émulsion à base de menthe fraîche est fragile car elle a tendance à s'oxyder avec le temps. Il faut donc la préparer au dernier moment. Je vous laisse le soin d'ajuster la quantité de rhum selon vos préférences.

À croquer !

POUR ENVIRON 25 PIÈCES ◆ PRÉPARATION : 1 HEURE (+ REPOS 1 NUIT) ◆ CUISSON : 20 MINUTES

Cette recette de sablés m'est venue d'une envie de créer une ganache à base de basilic. Or je n'apprécie pas le chocolat blanc… J'ai donc trouvé le moyen de baisser la sensation de sucre de ce dernier en lui ajoutant du jus de citron vert qui, de plus, se marie parfaitement avec le basilic.

Ganache chocolat blanc/citron vert/basilic

(à faire la veille)
300 g de chocolat blanc
1 botte de basilic
90 g de jus de citron vert (environ 4 citrons verts)
120 g de crème liquide entière
1 citron vert non traité

Concassez le chocolat au couteau. Effeuillez le basilic. Râpez finement le zeste du citron vert non traité. Faites bouillir la crème et versez-la sur le chocolat, ajoutez le basilic, puis mixez à l'aide d'un mixeur plongeant. Incorporez enfin le jus et le zeste de citron vert en mixant une dernière fois.
Réservez au frais au moins 1 heure 30, idéalement tout une nuit.

Sablé vanille

250 g de beurre à température ambiante
100 g de sucre glace
1/2 gousse de vanille
2 g de sel fin
40 g de blanc d'œuf (environ 1 gros blanc)
290 g de farine

Au batteur muni de la feuille, travaillez le beurre en pommade. Ajoutez le sucre glace, la gousse de vanille grattée et le sel. Incorporez le blanc puis la farine. Filmez la pâte et entreposez-la au moins 2 heures au réfrigérateur.
Étalez la pâte sur 3 mm d'épaisseur environ et entreposez-la 15 minutes au congélateur.
Préchauffez le four à 160 °C (th. 5).
Détaillez des sablés à l'aide d'un emporte-pièce rectangulaire cannelé de 7 x 3,5 cm environ. Pour seulement la moitié des sablés, détaillez à l'aide d'un couteau d'office 1 encoche ajourée en forme de rectangle de 5 x 1 cm. Retirez les parties de chutes de pâte et réunissez-les pour les destiner à un autre usage ou les faire cuire.
Disposez les sablés sur une feuille de silicone ou de papier sulfurisé posée sur une plaque. Enfournez 8 minutes environ ou jusqu'à ce que les sablés soient bien dorés. Laissez refroidir complètement à la sortie du four. Réservez.

Décor et montage

Feuilles de basilic nain

Lorsque la ganache est bien froide, mettez-la dans un cul-de-poule et fouettez-la jusqu'à ce qu'elle soit légèrement ferme. Étalez-la entre deux feuilles de papier guitare (ou film étirable) sur une épaisseur de 5 mm environ et entreposez 20 minutes au congélateur.
Lorsque la ganache est bien prise, détaillez-la à l'aide d'un emporte-pièce légèrement inférieur à celui des sablés. Déposez chaque palet de ganache figée sur un sablé plein et uni. Posez ensuite par-dessus un sablé ajouré. Décorez d'une petite feuille de basilic nain.

L'astuce d'Ophélie Veillez à ne pas prendre un chocolat blanc trop sucré et misez sur la qualité. N'hésitez pas à remplacer le basilic par une autre herbe aromatique au gré de vos inspirations.

QUI SERA
PATISSIER
Ophélie

Table des recettes

Les recettes du concours d'Ophélie

Les recettes inédites d'Ophélie

Index des recettes de base

QUI SERA LE PROCHAIN GRAND PATISSIER?
Ophélie

Remerciements

Un grand merci…

À mes parents, ma sœur, mon beau-frère, ma nièce, toute ma famille et mes amis chers à mon cœur, pour leur soutien omniprésent et inconditionnel…

À Christian Gillet mon coach hors normes, pour son amitié fidèle et sans limites depuis bientôt 10 ans.

À Claire Heitzler et François Perret, pour leur professionnalisme, leur confiance et leur générosité.

À Laura Petit et Geoffrey Turpin, pour m'avoir si gentiment mis à disposition leur « labo », indispensable pour la réalisation de ce livre.

À Arnaud Faye, pour m'avoir donné la possibilité de participer à ce concours.

À tous les membres de mon équipe qui se reconnaîtront, je suis si fière d'eux !

À Élise Bigot et Tiphaine Campet, pour leur formidable travail, leur patience et leur attention à mon égard.

À Louis-Laurent Grandadam, pour ses magnifiques prises de vue qui reflètent si bien ma pâtisserie.

À Guillaume Sanchez et Lionel Marchand, mes amis-candidats, pour l'investissement et le travail réalisé à mes côtés durant la finale de cette émission.

À Jean-Hugues Noël, Lydie Tison, Frédérique Lassagne, Christine Adam, Davy Bragança et toute l'équipe de Martange Production, pour m'avoir fait vivre cette expérience dans les meilleures conditions et dans la bonne humeur au quotidien !

À Fiona Desbois, pour m'avoir convaincu de participer à cette saison 2 !

Au jury : Christophe Michalak, Christophe Adam, Pierre Marcolini et Philippe Urraca, pour leur attention constante qui a contribué à ces moments inoubliables. Au contact de leur personnalité, je me suis imprégnée de leurs conseils éclairés et bienveillants …

À tous nos parrains/maîtres de stage de l'émission, pour leur accueil et la transmission de leur savoir.

À Virginie Guilhaume, pour son animation pleine de fraîcheur et de vie.

À l'école Ferrandi et à l'IMA de Villiers-Le Bel, pour nous avoir fait profiter de leur structure et de leurs équipements.

À la Chocolaterie de l'Opéra, pour avoir sponsorisé quelques-unes de mes créations.

Et plus spécialement merci à *Arnaud Lemesnager*, pour son soutien infaillible et notre complicité unique sur les préparations du shooting photo…

Photogravure : APS/Chromostyle à Tours.

Cet ouvrage a été achevé d'imprimer en septembre 2014
sur les presses de l'imprimerie Macrolibros à Valladolid
Dépôt légal : octobre 2014
Imprimé en Espagne